수학아 수학아 나 좀 도와줘 ❷

펴낸날 2022년 4월 20일 개정판 1쇄

펴낸이 강진균

글 조성실

그림 조민경

편집·디자인 편집부

마케팅 변상섭

제작 강현배

펴낸곳 삼성당

주소 서울시 강남구 선릉로 747 삼성당빌딩 9층

대표 전화 (02)3443-2681 **팩스** (02)3443-2683

출판등록 1968년 10월 1일 제2-187호

ISBN 978-89-14-02069-7 (73810)

본 저작물은 저작권법에 따라 보호를 받는 책이므로 무단 전재와 무단 복제를 금합니다.
※ 파본은 바꾸어 드립니다.

수학아 수학아 나 좀 도와줘 2

글 조성실 그림 조민경

쉽고 재미난 수학! 여기에 있어요

51638809

어린이 여러분, 이 수가 뭘 나타내는지 알고 있나요? 아마 현욱이라면 머리가 아프다며 책을 덮어 버렸을 거예요.

현욱이가 누구냐고요? 현욱이는 선생님이 가르쳤던 학생이고 이 책의 주인공이기도 한 아이랍니다.

선생님의 제자 현욱이는 생각을 깊게 하는 아이였지만 수학을 너무 싫어했어요. 선생님은 그런 현욱이가 참 이상했어요. 그런데 얼마 지나지 않아 현욱이가 누구보다 수학과 친해질 수 있는 아이라는 것을 알았어요. 수학 놀이를 하고 수학을 이야기로 풀어 가면서 현욱이는 수학을 싫어하지 않게 되었지요. 선생님은 수학이 옛날이야기를 들을 때처럼 사실에 대해 궁금해하고 사실을 확인하는 과정이라고 생각해요. 현욱이는 수학을 계산만 하는 공부라고 잘못

생각하고 있었던 거예요.

　이 책의 주인공 현욱이도 수학을 싫어해요. 5억보다 5천이 더 큰 수는 얼마인가 답을 말하는 것은 지겨워하지만 1억원은 얼마나 큰 돈인지 궁금해하는 아이입니다. 또 나누기나 곱하기를 계산하는 것은 어려워하지만 직접 물건으로 확인하고 나서는 계산하는 과정까지 잘 말할 수 있고요. 친구랑 장난치면서 각을 찾아내기도 한답니다.

　어린이 여러분, 한번 책 속으로 현욱이를 찾아가 볼래요? 그리고 처음에 써 놓은 5,163만 8,809라는 수는 2021년에 조사한 우리나라 인구수였답니다. 이제 책을 다 읽은 현욱이는 이 수를 보고 아마 이렇게 말하겠지요?

　"음, 인구가 좀 많은걸."

글쓴이 **조성실**

차례

큰 수
도대체 이게 뭐야? **10**

세 자리 수 이상의 곱셈
전자계산기는 수학 선생님 **25**

세 자리 수와 두 자리 수의 나눗셈
딱풀 들고 뛰어라 **40**

각과 각의 크기
벌서는 것도 공부, 장난치는 것도 공부 **54**

여러 가지 삼각형의 발견
딱지치기 금지 사건 **70**

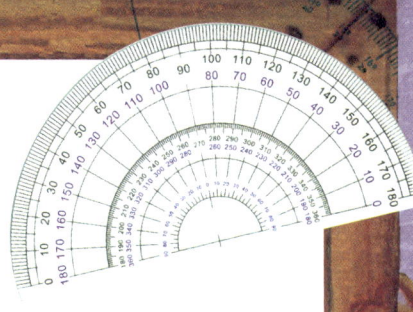

무게의 단위
무게 재기는 재미있어 **90**

혼합 계산 순서 알기
꼭 앞에서부터 해야 하는 거야? **104**

분수의 덧셈과 뺄셈
선생님의 깊은 뜻을 알았어 **116**

두 수를 비교해서 분수로 나타내기
학종이 따먹기의 신 **128**

어림하기
방학하는 날까지 **140**

도대체 이게 뭐야?

 집으로 돌아오는 길, 현욱이는 혼잣말로 투덜대며 걸었습니다. 하루 종일 즐거웠는데 마지막 수학 시간 때문에 머리가 복잡해졌거든요.
 "251357432194263, 도대체 이게 뭐야? 그렇게 긴 수를 읽는 말로 써 보라고 하다니. 거기에 또 그 수보다 1억이 더 작은 수는 얼마냐고?"
 현욱이는 발에 걸린 돌멩이를 화풀이하듯 툭 찼습니다.
 "10000, 그러니까 만까지만 공부하면 나도 잘할 텐데. 만 원으로 무엇을 사고 싶은지 말해 보라고 하고, 심부름 한 번에 만 원을 벌 수 있다면 재미있을 텐데. 수학 시간에는 만날 쓸 데 없는 것만 배운다니까. 내일은 오늘 배운 것을 시험까지 본다니 큰일이다. 시험 안 보는 방법은 없나?"

어느새 현욱이는 아파트 엘리베이터 앞까지 왔습니다.

'딩~'

엘리베이터가 도착해 문이 열렸습니다. 현욱이는 여전히 투덜대며 엘리베이터를 탔습니다. 숫자 11을 누르려는데 헐레벌떡 지현이가 뛰어왔습니다.

"뭐 화나는 일 있었니? 왜 투덜대면서 걸었냐? 화난 거면 내가 화 풀어 줄까? 너, 돈 좋아하지? 내가 용돈 줄게. 자 받아. 구천팔백이십팔만 칠천구백육십삼 원이야."

지현이는 이상하고 복잡한 숫자를 쉽게 말하고는 현욱이에게 종이를 건넸습니다.

"야! 이게 무슨 돈이야? 누구 놀리는 거야?"

"어? 너 정말 이상하다. 다른 때는 내가 장난치면 네가 더 신나서 놀리고 야단이잖아. 오늘은 왜 듣자마자 화를 내니? 흥, 기분 나빠. 이게 얼마나 재미있는데……. 전화번호로 친구들한테 용돈 주고 노는 거란 말이야. 잘 가! 치."

지현이는 9층에서 내려서 가 버렸습니다. 현욱이는 지현이가 준 전화번호를 손에 들고 보다가 갑자기 '픽' 헛웃음이 나왔습니다. 지현이는 어디서나 재미있는 놀이를 잘 찾았기 때문입니다.

'전화번호를 보고 어떻게 용돈 놀이할 생각을 했을까?'

엘리베이터가 11층에 멈추었습니다. 현욱이는 현관 앞에서 집 비밀번호를 외워서 누르는 것도 싫었습니다.

"또 숫자야, 또."

현욱이는 문을 열자마자 가방을 거실 소파에 던져 놓고 방으로 들어갔습니다. 그러고는 컴퓨터를 켰습니다.

"역시 나를 위로해 주는 것은 컴퓨터뿐이야. 신나게 게임을 해야지."

현욱이가 게임을 막 하려고 하는데 인터폰이 울렸습니다.

"누구야, 엄만가?"

화면에 뜬 얼굴을 보고 현욱이는 조금 놀랐습니다. 조금 전 어색하게 헤어진 지현이였거든요.

"현욱아, 우리 집에 내려와. 할머니께서 감자 쪘다고 와서 먹으라고 하셔. 너, 지난번에 게임을 하느라 안 와서 너희 엄마한테 혼난 거 기억하지? 얼른 내려와."

현욱이는 머리가 복잡하고 아파서 게임도 그리 재미있을 것 같지 않았습니다. 그래서 지현이를 따라나섰습니다. 지현이네 집에 가니 할머니가 감자를 많이 쪄 놓으셨습니다.

"감자는 설탕보다는 소금에 찍어 먹어야 맛있는데 지현이는 자꾸 설탕에 찍어 먹는구나. 현욱아, 너는 소금에 찍어서 먹어라."

"네."

"아이고, 우리 현욱이는 대답도 시원시원해."

"할머니, 현욱이가 할머니한테 잘 보이려고 그러는 거예요. 엄마 말을 얼마나 안 듣는다고요."

지현이 입에서 이상한 말이 튀어나올까 봐 현욱이는 얼른 말을 돌렸습니다.

"지현아, 넌 숫자들을 봐도 머리가 안 아프니?"

"뭐라고? 머리가 아프다고? 현욱이 감기 걸렸니?"

할머니가 걱정스럽게 현욱이를 쳐다봤습니다.

"아니에요, 할머니. 현욱이가 엄살 부리는 거예요."

"엄살 아니야, 난 숫자가 쫙 늘어서 있는 것을 보면 머리가

아프단 말이야."

"너, 혹시 요즘 수학 시간에 공부하는 큰 수 때문에 그래?"

"왜 아니겠어? 오늘은 251357432194263, 뭐 이런 수를 읽으라고 했잖아. 그리고 앞에 있는 2와 뒤에 있는 2가 무슨 수냐고 선생님이 물으시니까 애들은 대답을 척척하는데 난 미치겠더라."

"알았어. 네 머릿속이 숫자들 때문에 뒤죽박죽이 된 거 같아. 그럼, 에헴~ 이 몸이 해결해 줄 수 있지."

"어떻게?"

"내 말에 대답하다 보면 저절로 해결!"

지현이는 무척 자신 있는 말투였습니다.

"1+1은?"

"뭐? 내가 수학을 못한다고 1학년 취급하는 거야? 그런 건 유치원 애들도 해."

"글쎄~ 대답이나 하셔."

"1+1은 2다, 왜?"

"2+1은?"

"3, 3+1은 4야, 4+1은 5, 5+1은 6, 6+1은 7. 더 해?"

"9+1은?"

"10. 10+1은 11, 11+1은 12, 13+1은 14, 19+1은 20. 됐어?"

"99+1은?"

"100. 100+1은 101, 101+1은 102, 109+1은 110. 167+1은 168, 332+1은 333. 더 해야 해?"

"999+1은?"

"1000."

"9999+1은?"

"10000."

"99999+1은?"

"100000이다. 언제까지 물어볼 건데? 이젠 내가 물어볼 차례야. 999999999999+1은? 모르지?"

"1000000000000!"

"어쭈? 그렇게 긴 수를 어떻게 그렇게 빨리? 또 쉽게?"

현욱이는 고개를 갸우뚱거렸습니다. 아무리 천재라도 단 몇 초 동안에 대답할 수는 없을 거 같았거든요. 그런데 한참

동안 숫자를 들여다보니 의문이 풀렸습니다.

"뭐야, 한 자리씩 더 생기는 거잖아. 내가 그것도 모를 줄 알아?"

"바로 그거야. 어떤 자리가 9에서 하나 늘어나서 10이 되면 바로 앞 큰 자리가 하나 늘어나는 규칙! 그것이 바로 우리가 공부하는 큰 수의 가장 중요한 특징이란 말씀이지."

뭐야, 한 자리씩 더 생기는 거잖아!

"뭐야, 그럼 내가 머리 아팠던 251357432194263 같은 수도 하나씩 더해 보면 아주 간단한 수가 될 수도 있잖아. 1, 2, 3, 4, 5…… 하나씩 커져서 결국 251357432194263이 된 거잖아."

"맞아. 하나씩 커지다가 10이 되면 앞자리가 하나씩 올라간 거야. 그러니까 아무리 큰 수도 자리의 이름만 외우면 쉬워. 자, 이제 뒤에서부터 수의 자리 이름을 말해 볼게. 일, 십, 백, 천, 만, 십만, 백만, 천만, 억, 십억, 백억, 천억, 조, 십조, 백조, 천조야."

"뒤에서부터 네 개씩 짝을 지어서 일, 십, 백, 천, 그리고 만, 십만, 백만, 천만, 또 억, 십억, 백억, 천억, 조, 십조, 백조, 천조, 또 뭐, 십뭐, 백뭐, 천뭐, 또 뭐뭐 이렇게 쉬운 거야?"

"뭐뭐가 아니라 조 다음은 경, 경 다음은 해, 해 다음은 자, 그것보다 더 어마어마한 큰 수도 읽는 말이 있어."

"알았어, 이제 다 알아. 251조 3574억 3219만 4263. 이렇게 읽으면 되지? 나도 문제 낼게. 알아맞혀 봐. 백조가 나무에 세 마리, 바위에 네 마리, 풀밭에 세 마리 앉아 있었어. 모두 몇 마리가 있게?"

"그야 물론 천조 마리. 그런 걸 문제라고 내니?"

이백오십일조 삼천오백칠십사억 삼천이백십구만 사천이백육십삼

"쳇, 안 속네. 그러니까 재미없잖아. 나 간다. 내일 학교 같이 갈 거지?"

"알았어, 잘 가. 싱글벙글 그만해."

현욱이는 아까와 다르게 엘리베이터의 숫자가 반가웠습니

다. 일, 십, 백, 천, 만, 십만, 백만, 천만, 억, 십억, 백억, 천억, 조, 십조, 백조, 천조, 경……. 자릿수 읽는 말을 다 말하기도 전에 벌써 11층이 되어 버렸습니다.

'흠, 수를 한번 읽어 보실까?'

"847251, 팔십사만 칠천이백오십일! 우리 집 비밀번호도 꽤 큰 수야, 큰 수!"

"현욱아, 뭐 해? 집 비밀번호를 그렇게 말하고 있으면 어떡해? 누가 들으면 어쩌려고?"

"어? 엄마, 오늘 일찍 오셨네요?"

현욱이는 엄마한테 인사를 하는 둥 마는 둥 하고 방으로 들어갔습니다. 그리고 책상에 앉아 골똘히 생각했습니다.

'아무리 수의 구조가 간단하다고 해도 실제로 물건의 개수는 그리 간단하지 않을 것 같은데? 그걸로 지현이를 놀라게 해줄 수 있을 거야. 무엇으로 해 볼까?'

현욱이는 인터넷으로 종이 한 장의 두께를 검색해 보았습니다. 종잇장의 두께는 0.1mm였습니다.

"와~ 종이 1억 장을 쌓으면 10km나 되는구나. 산으로 치면 어떤 산이 될까?"

현욱이는 다시 산과 건물의 높이를 검색해서 찾아보았습니다.

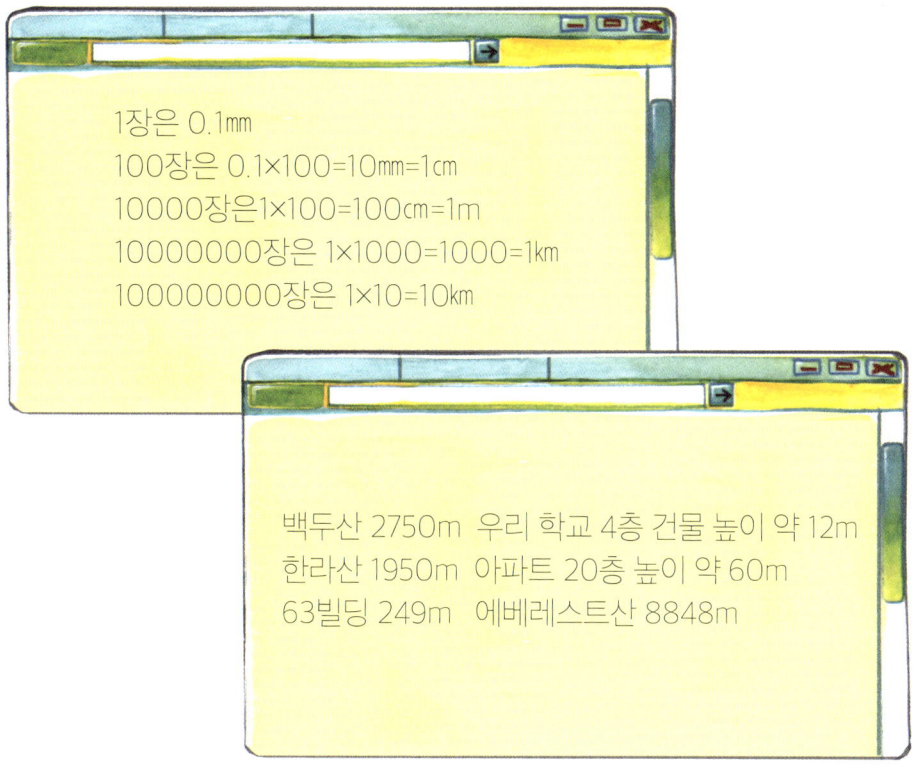

1장은 0.1mm
100장은 0.1×100=10mm=1cm
10000장은 1×100=100cm=1m
10000000장은 1×1000=1000=1km
100000000장은 1×10=10km

백두산 2750m   우리 학교 4층 건물 높이 약 12m
한라산 1950m   아파트 20층 높이 약 60m
63빌딩 249m   에베레스트산 8848m

"됐어, 이거면 됐어."

현욱이는 지현이에게 전화를 걸었습니다.

"지현아, 종이 1억 장을 쌓으면 높이가 얼마나 되는지 알아?"

"뜬금없이 웬 종이 1억 장?"

"그냥 알아맞혀 봐. 백두산의 높이, 한라산의 높이, 우리 학교 건물 높이, 아파트 20층 높이, 63빌딩 높이, 에베레스트산의 높이. 이 중에서 어느 높이와 비슷할 것 같아?"

"음…… 우리 학교 높이만큼?"

"그럴 줄 알았어. 천만의 말씀, 종이 1억 장은 에베레스트 산의 높이와 비슷해. 종이 1억 장의 높이는 약 10000m거든. 그런데 에베레스트는 8848m니까 종이 1억 장이 더 높아."

"정말이야? 에베레스트는 세계에서 제일 높은 산이잖아?"

"못 믿겠으면 계산해 봐. 종이 한 장의 두께는 0.1mm니까. 아무리 큰 수도 하나씩 커지면 간단하다고 하지만 1억은 실제 엄청엄청엄청 큰 수라는 사실을 생각하지 못했지?"

"현욱이 너 대단하다. 어떻게 그런 생각을 해냈니? 내일 애들한테 물어봐야지."

"맘대로 해. 내가 가르쳐 주었다고 말하지 않아도 돼."

"잘난 척하기는. 알았어, 끊는다."

지현이는 툴툴거리며 전화를 끊었습니다.

"어? 지현이가 준 용돈이 아직도 있네. 9828-7963, 이게 가짜가 아니라 진짜 용돈이라면 구천팔백이십팔만 칠천구백육십삼 원이잖아."

현욱이는 지현이가 준 종이를 보면서 낄낄거렸습니다.

도대체 이게 뭐야?

나는 큰 수를 보고 자꾸 얼마나 큰지 생각하려고 해서 머리가 아팠다. 그런데 지현이가 아주 간단한 방법을 알려 주었다. 그것은 바로 수의 구조를 생각하는 것이다.

1이 열 개면 10, 10이 열 개면 100, 100이 열 개면 1000, 1000이 세 개면 3000, 1000이 아홉 개면 9000이 되었다가 1000이 열 개가 되면 10000이 되어 자리가 하나 더 생긴다. 다시 10000이 열 개면 100000이 된다. 열 개가 되면 한 자리씩 앞으로 올라가면 되니까 아무리 큰 수도 수의 구조만 알면 이렇게 간단하다. 각 자리는 이름이 있는데 뒤에서 부터 일, 십, 백, 천, 만, 십만, 백만, 천만, 억, 십억, 백억, 천억, 조, 십조, 백조, 천조이다.

와, 엄청 큰 수다.

처음에는 이상하고 복잡했던 큰 수였지만 이제는 참 쉽다.

세 자리 수 이상의 곱셈
전자계산기는 수학 선생님

 '215쪽, 215쪽, 215쪽, 또 215쪽, 215쪽, 다시 또 215쪽, 215쪽, 215쪽, 그리고 또 215쪽, 215쪽, 215쪽. 아휴, 215쪽씩 24권을 언제 다 읽어.'

 현욱이는 엄마가 사 주신 과학 전집이 떠올라서 짜증이 났습니다.

 "엄마는 왜 꼭 책을 몽땅 읽어야 게임 아이템을 사 주신다는 거야. 세상에 과학 전집은 쪽수도 똑같아. 자기들이 쌍둥이라도 되나? 도대체 모두 몇 쪽을 읽어야 하는 거야? 215쪽씩 24권이면 215×24지. 그러니까…… 몇 쪽이 되냐? 모르겠다. 에잇, 하지 말자."

즐거운 수요일, 일찍 끝나는 날인데도 현욱이는 엄마가 읽으라고 한 과학 전집을 생각하다 보니 마음이 무거웠습니다.

현욱이 바로 앞에는 2학년 아이들이 구구단을 외우며 집에 가고 있었습니다.

"육일은 육, 육이 십이, 육삼 십팔, 육사 이십사, 육오 삼십, 육육은 삼십육……."

'아우, 지겨운 구구단. 매일 남아서 외우고, 못 외워서 혼나고. 으, 끔찍했지.'

현욱이는 구구단 소리를 듣자, 기분이 더 나빠졌습니다. 옛날 구구단을 못 외워 쩔쩔매던 자신의 모습이 떠올랐거든요.

"야, 너희들 2학년이지?"
"어? 형, 우리 알아?"
"그래, 척하면 척이지. 구구단 외우면 2학년이야. 그런데 길 가면서까지 외우냐? 집에 가서나 외워라."

 현욱이는 같이 가고 있는 2학년 아이들 머리에 딱밤을 한 대씩 때리며 지나갔습니다.

"왜 때려? 우리 엄마한테 이를 거야!"

'일러라 일러. 난 구구단도 싫고, 곱하기도 싫어. 하여튼 학교에서는 복잡한 계산만 배우라고 한다니까. 으, 다음에는 또 무엇을 계산하라고 할까?'

현욱이는 꼬마 아이의 으름장이 하나도 무섭지 않았습니다. 세상에서 가장 바쁜 사람이 엄마들인데 이런 일로 찾아올 리가 없을 테니까요. 현욱이는 꼬마 아이의 말을 무시하고 딴생각에 빠졌습니다.

'마법 게임처럼 공부도 재미있게 만들 수 없나? 내가 크면 아주 학교를 재미있게 만들어야지. 마법사반, 법사반, 도둑반, 궁사반…… 킥킥킥.'

그런데 현욱이가 아파트 앞까지 거의 왔을 무렵, 딱밤을 때렸던 2학년짜리가 엄마와 뛰어왔습니다.

"엄마, 엄마! 이 형이야."

"네가 아까 동생들 때렸니?"

"네, 아니, 저…… 그게 아니고요."

"그게 아니면 뭐야. 때렸니, 안 때렸니?"

"딱밤 딱 한 대, 살살 때렸어요."

그때 지현이가 지나갔습니다.

"어? 아줌마, 안녕하세요? 무슨 일 있으세요?"

"응, 지현아. 학교 오는 길에 지우가 맞고 왔다고 해서 무슨 일인가 알아보려고."

"현욱아, 네가 그랬니?"

"그냥 귀여워서 한 대씩 건드린 거야."

"아휴, 너 때문에 정말 내가 못 산다. 얼른 사과해."

"지현이가 아는 친구니? 동생들이 귀여우면 잘 해줘야지. 형이 건드리면 겁을 먹잖아."

"네…… 죄송해요. 꼬마야, 미안해."

"지현이를 봐서 한번 용서해 주는 거다. 이제 그러지 마라."

아주머니는 마음이 풀린 듯 꼬마와 함께 갔습니다.

"그렇게 장난치다가 언제 한번 혼날 줄 알았어. 왜 그랬냐?"

"몰라~ 근데, 너 그거 뭐야?"

"전자계산기야. 전지가 다 닳았는지 켜지지 않아서 전지 바꿔 넣으러 가는 거야."

"이리 줘 봐. 내가 해 볼게. 어? 봐, 되잖아. 숫자도 나오고,

더하기도 되잖아. 계산기 전지가 다 되었을 때, 햇빛을 보면 다시 되는 경우 여러 번 봤어. 어때?"

"정말이네. 제법인걸. 숫자도 잘 나오는데. 현욱아, 아무거나 불러 봐. 다 대답해 줄게."

"좋아, 214×24."

"음, 5136이야."

"헉, 5136쪽을 언제 다 읽냐."

"무슨 말이야? 뭘 읽어?"

"아니야, 아니야. 이번에는 214×240이 얼마인지 계산기로 해 봐!"

"51360이야."

"어? 계산기로 해 보지도 않고 어떻게 알아?"

"그런 건 계산하지 않아도 다 알아."

현욱이는 갑자기 얼굴이 달아올랐습니다. 혼자서 그까짓 곱하기 좀 못하면 어떠냐고 큰소리쳐 왔으니까요. 그토록 당당하던 마음은 사라지고, 지현이가 곱하기도 못하냐고 말할까 봐 두렵기까지 했습니다. 현욱이는 현관으로 얼른 뛰어 들어갔습니다.

"알았어, 나 간다."

현욱이는 집으로 들어와서 서랍 속에 넣어 둔 전자계산기를 찾았습니다.

"나도 해 볼 거야. 곱셈을 몽땅 외워서라도 잘하겠어. 우선 111을 계속 더해 봐야겠다. 111+111+111+111+111+111+111+111은? 888!"

현욱이는 다시 한 번 종이에 적힌 숫자를 살피며 정답을 확인했습니다.

"좋아, 다시 333+333+333은? 999! 좋아, 이 정도도 금방 할 수 있어. 333×3은 999야. 300이 세 번이니까 900, 30이 세 번이니까 90, 3이 세 번이니까 9, 그래서 999!"

현욱이는 계산이 쉽게 풀리자 기분이 좋았습니다.

"그럼, 333×6은? 계산기로 해 보자. 333을 누르고 곱하기 6을 하면 1998! 여기서부터는 문제야. 왜 1998이냐고요?"

현욱이는 도저히 모르겠다는 듯이 머리를 긁적거렸습니다.

"그렇다면 나눠서 전자계산기로 해 봐야지. 333이니까 300 따로, 30 따로, 3 따로 해 보자. 3×6은 18, 30×6은 180! 어? 0이 하나 더 붙었네. 300×6은 1800. 어? 0이 또 하나 더 붙었네."

현욱이는 신기한 듯 눈이 휘둥그레졌습니다.

"그러니까 333×6은 18, 180, 1800을 모두 더해야 하니까 1998이야. 음~ 그렇게 되는군."

현욱이는 괜히 자기가 대단한 것처럼 어른 말투를 흉내내 보았습니다.

"그러면 4×666도 같은 방법일까? 당장 해 봐야지. 4×6은 24, 4×60은 240, 4×600은 2400! 그래서 4×666ㄹ은 2664. 와, 신기하다. 몇십이나 몇백을 곱할 때는 곱셈 구구로 구하는 답은 같은데 0을 더 붙여 주기만 하면 되는구나. 잠깐, 8×9는 72. 그럼 8×900은? 7200이 되겠네."

계산기로 확인을 해 보니 결과가 딱 맞았습니다.

현욱이는 더욱더 신이 났습니다.

"그럼, 아까 지현이가 계산하지도 않고 맞힌 곱셈 비법은 바로 이거였구나.

214×24는 5136이고 214×240은 51360이 되는구나."

현욱이는 지현이의 비법을 알아내자 몹시 즐거웠습니다.

"그럼, 나는 왜 곱셈을 못한 거지? 바로 곱셈 구구 때문이었어. 곱셈 구구를 잘못 외워서 계산이 틀렸던 거구나. 곱셈 구구가 곱셈의 기본이었어. 아휴 창피해."

"현욱아, 뭐가 창피해? 도둑이 들어와도 모르겠다."

"어? 엄마! 계산기로 곱셈하고 있어요."

"뭐? 계산기? 계산기로 답을 알아내도 돼?"

"아니 그게 아니라, 곱셈을 어떻게 하는지 연구 중이라고요."

"뭐? 연구? 그럼, 연구한 실력을 봐야지. 348×72는 어떻게 하면 되겠니?"

"그까짓 것 뭐, 금방이죠. 348이 72번 있는 것이니까 먼저 348×70을 하고, 348×2를 한 다음 계산해서 더하면 돼요."

"그럼, 그건 어떻게 계산하는 건데?"

"음, 먼저 348×2를 하는 게 좋아요. 8×2, 40×2, 300×2를 하면 돼요. 다음은 348×70을 할 차례고요. 8에 70을 곱하고, 40에 70을 곱하고, 300에 70을 곱하면 되니까요."

"어쭈, 설명은 아주 잘하는데. 그럼, 계산해 봐."

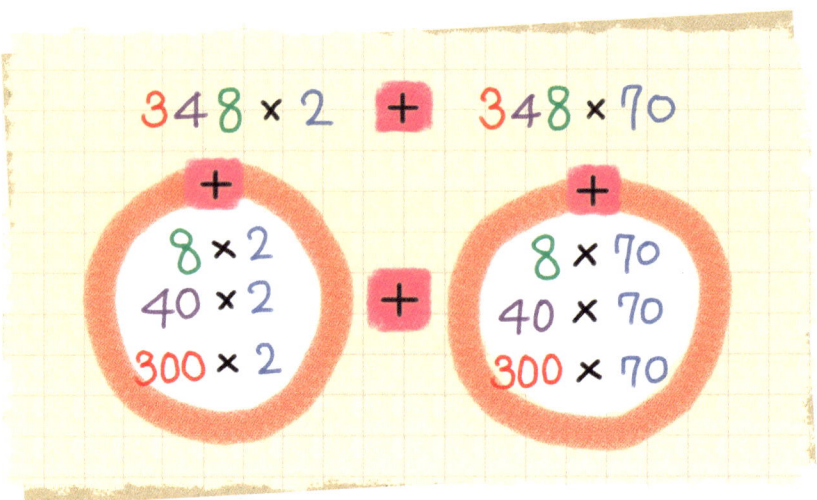

"히히, 계산하는 것은 시간이 좀 걸려요. 제가 곱셈 구구는 좀 약하거든요. 히히히."

"저 너구리 말하는 것 좀 봐. 알았어, 좀 기다려 볼게."

얼마 지나지 않아 현욱이는 계산을 끝냈습니다.

"휴 다했다. 엄마 보세요."

348×72는 348이 70번 있고, 348이 2번 있다는 뜻이에요.

348이 2번 있다는 뜻이니까,

8이 2번은 곱셈 구구로 8×2는 16, 일의 자리에 6만 쓰고, 10은 십의 자리 위에 작게 써 놓아야지.

40이 2번은 곱셈 구구로 4×2는 8, 아까 올렸던 1을 더하면 9, 90이니까 십의 자리에 9를 써야지.

300이 2번은 곱셈 구구로 3×2는 6! 600이니까 백의 자리에 6이라고 써야지.

그래서 348×2는 696!

348이 70번 있다는 뜻이니까,

8이 70번은 곱셈 구구로 8×7은 56, 560이니까 십의 자리에 6을 쓰고, 백의 자리 위에 작게 5를 올려서 써 놓아야지.

계산할때 '0'은 써도 좋고, 쓰지 않아도 좋아요.

두 번째 40이 70번은 곱셈 구구로 47은 28! 28하고 5를 더하면 33! 3300이니까 백의 자리에 3을 쓰고 천의 자리 위에 3이라고 작게 올려 써 놓아야지.

 마지막으로 300이 70번은 곱셈 구구로 37은 21! 21하고 3을 더하면 24! 24000이니까 24라고 써야지.

 그래서 34870×70은 24360!

> 696과 24360을 더하면 25060, 그래서 348×72는 25056

"엄마, 어때요?"

"어? 우리 현욱이가 언제 이렇게 곱셈까지 잘하게 됐지? 엄마 기분이 날아갈 것 같은데!"

"이게 다 땀 흘린 연구의 결과예요. 엄마, 연구 잘해서 곱셈도 잘하니까 게임 아이템 사 주세요. 네?"

"좋아, 좀 생각해 보자."

엄마는 기분이 좋으신 듯 주방으로 가셨습니다.

"전자계산기야, 고마워. 곱셈 선생님 사랑해요~."

현욱이는 콧노래를 흥얼거리며 방으로 들어왔습니다. 전자계산기를 곱게 서랍에 넣다가 궁금한 생각이 들었습니다.

'만약 곱셈하는 방법을 모른다면?'

현욱이는 좋은 생각이 떠올라 '아하!' 하고 소리쳤습니다.

"덧셈으로 해야겠지! 348×72는 348을 72번 더하면 되니까 한번 해 볼까?"

현욱이는 종이 위에 '+348'을 적으며 깜짝 놀랐습니다.

"으악! 정신없어. 348×72가 이렇게 많은 거였어? 만약 곱셈 계산하는 방법을 모른다면 세상은 진짜 복잡해지겠다. 만날 더하기만 하다가 시간을 다 보내겠는데. 곱셈을 계산할 줄 아는 것은 참 대단한 일이었구나."

현욱이는 348을 72번 다 더하고 나서 침대로 갔습니다. 그런데 눈을 감으며 또다시 재미있는 상상에 빠졌습니다.

'흐흐, 곱셈을 할 줄 모르는 세상이 있다면 누구를 거기에 보내 줄까? 선생님? 우리 선생님이 내가 수학을 못한다고 구박을 했으니까. 그리고 6439×99가 얼마인지 알아내라고 해야겠다. 흐흐, 머리가 꽤 아프시겠지? 그때 수학 때문에 고생하는 내 마음도 아시게 될 거야. 또 누구를 보낼까?'

현욱이는 웃음이 저절로 나왔습니다. 이제 수학 시간에 머리도 아프지 않을 것 같았습니다.

전자계산기는 수학 선생님

　이제 아무리 큰 수의 곱셈도 모두 할 수 있게 되었다. 지금까지 나는 쉬운 곱셈 계산을 하기 싫어하고 늘 틀리기만 했다. 그러나 오늘부터는 달라질 것이다.

　곱셈은 여러 번 더하는 것을 간단하게 해주는 계산이다. 333×8은 333이 여덟 번 있다는 뜻이다. 333이 여덟 번 있다는 것은 3이 여덟 번, 30이 여덟 번 그리고 300이 여덟 번 있다는 뜻이다. 그러므로 차례차례 간단하게 곱해서 더하면 된다.

　3×8은 24, 30×8은 240, 300×8은 2400이다. 곱하기 몇십이나 몇백은 곱셈 구구로 알아내고 0을 개수만큼 더 붙여 준다. 333×8은 2400과 240, 그리고 24를 더하면 나오니까 333×8=2664이다.

　곱셈이 이렇게 쉬운 줄 처음 알았다.

세 자리 수와 두 자리 수의 나눗셈
딱풀 들고 뛰어라

　점심을 먹고 아이들이 모두 운동장에 놀러 나갔습니다. 그래서 교실은 텅 비었습니다. 현욱이는 혼자 앉아서 학습지 문제를 푸느라 낑낑대고 있습니다. 오늘은 학습지 선생님이 오시는 날인데 일주일 동안 한 장도 하지 않고 미루기만 했거든요. 학습지 안 한 것을 엄마가 아시면 현욱이는 일주일 동안 용돈, 컴퓨터 게임, 놀기, 간식이 모두 금지됩니다. 현욱이 엄마는 한다면 하는 분입니다. 현욱이는 아침 자습 시간, 쉬는 시간, 점심시간에 밥도 제대로 못 먹고 학습지 문제를 푸느라 정신이 없었습니다.
　그때 선생님이 딱풀이 들어 있는 상자를 들고 들어오셨습니다.

"현욱아, 이것 좀 우리 학교 모든 반에 돌리고 와 줄래?"

현욱이는 아무리 바빠도 선생님이 부탁하신 것은 즐겁게 하는 편입니다. 그런데 이번에는 심부름이 반갑지 않았습니다.

'에이, 그냥 심부름 다녀와서 하자. 잠깐이면 될 텐데 뭐.'

현욱이는 속으로 잠깐 투덜거리다가 말했습니다.

"이 상자 안에 있는 딱풀을 몽땅 다요? 몇 갠데요?"

"글쎄, 한 320개 정도 될 거야. 한 반도 빼놓지 말고 나누어 드려야 해!"

"전교를요? 몇 개씩요?"

"우리 학교에 모두 28반이 있으니까 몇 개씩 나눠 드려야 할까? 아무튼 반 별로 똑같이 나눠 드려라."

선생님은 현욱이에게 일을 부탁하시고는 교실에서 나가셨습니다.

"320개를 28개 반에 똑같이 나눠 줘야 한다? 몇 개씩 갖다주면 되지? 나누기를 해야 하는데 어떻게 28로 나누지? 28 곱하기 몇 개를 하면 320이 되는지 알면 되는데……."

현욱이는 아무리 생각해도 답이 떠오르지 않았습니다.

"할 수 없다, 우선 아이들 책상 위에 딱풀을 똑같이 올려놔 봐야지. 28반이라, 먼저 여덟 개씩 놓아 볼까?"

현욱이는 책상 위에 딱풀을 여덟 개씩 28군데에 올려놓

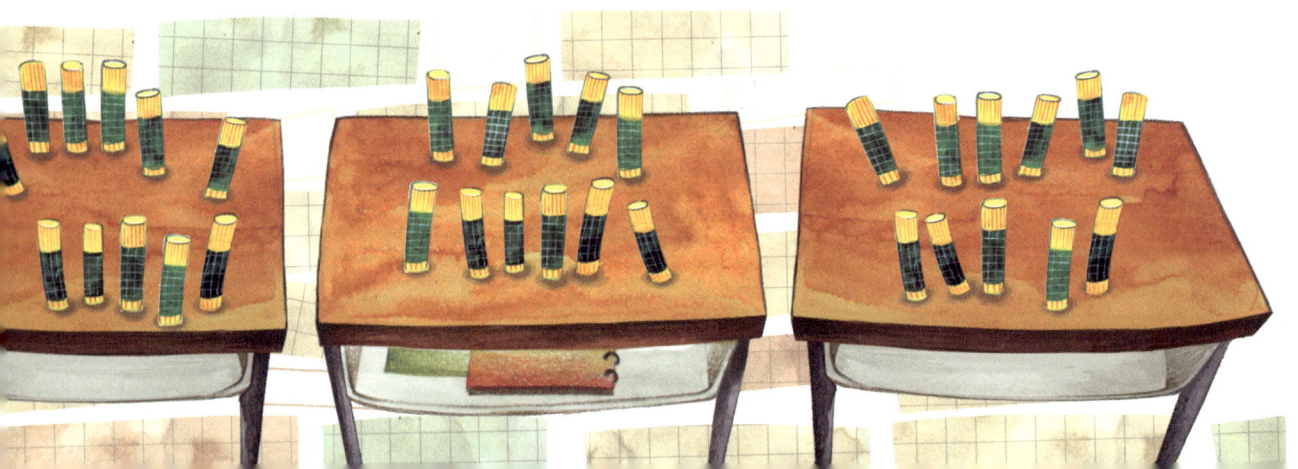

았습니다. 딱풀을 들고 책상 사이를 왔다 갔다 다니는 것은 무척 힘들었습니다. 딱풀을 다 놓고 나니 이마에 땀까지 났습니다. 그런데 상자 안에 딱풀은 꽤 많이 남아 있었습니다.

"이번에는 다섯 개씩 더 놓아 볼까?"

현욱이는 다시 앞에서부터 다섯 개씩 더 놓았습니다. 그런데 놓다 보니 딱풀이 모자랐습니다.

"에이 모자라네. 하나씩 덜어 내야지."

이번에는 다섯 개씩 더 놓은 것 중에서 하나씩 덜어내서 모두 네 개씩만 더 놓았습니다. 그런데 놓다 보니 또 모자랐습니다. 다시 한 개씩 더 덜어내서 세 개씩 더 놓기로 했습니다. 마지막까지 놓고 나니 상자에는 딱풀이 12개가 남았습니다.

"11개씩 똑같이 나눠 주면 12개가 남는구나."

현욱이는 손바닥으로 이마의 땀을 쓱 닦으며 만족했습니다. 그때 지현이가 교실에 들어왔습니다.

"현욱아, 너 뭐 해?"

"보면 몰라? 선생님 심부름 때문에 바쁘잖아."

"심부름? 선생님이 딱풀을 책상에 늘어놓으라고 시키셨어?"

"아니야! 딱풀 320개를 모든 반에 똑같이 나눠 주고 오라고 하셨어."

지현이는 눈을 가늘게 뜨고 손가락으로 현욱이를 가리키며 웃었습니다.

"너, 똑같이 몇 개씩 나눠야 하는지 보려고 이렇게 책상 위에 늘어놓은 거야? 11개씩? 땀까지 뻘뻘 흘리면서? 너는 나눗셈도 안 하냐? 나눗셈!"

"이씨~ 누가 안 한대? 320을 28로 나누면 돼! 그런데 수가 너무 크잖아!"

"아이고, 나눗셈의 수가 크다고 나눗셈하는 방법이 달라지지는 않아요."

지현이는 현욱이한테 질문을 던졌습니다.

"10이 28번 있으면 얼마가 되지?"

"10이 열 번이면 100, 10이 20번이면 200. 10이 여덟 번이면 80. 그러니까 10이 28번은 280이지. 그것도 몰라?"

"그럼, 28이 열 번 있으면?"

"그것도 280이지. 10×28=280이나 28×10=280이나 같은 거잖아."

"좋았어. 그런데 320을 28개 반에 나눠야 한단 말이야. 그러면 먼저 열 개씩 나눠 준다고 생각하면 280이 필요하잖아. 20개를 나눠 주려면 560이 필요하고. 그런데 320개니까 열 개보다 많이 나눠 줄 수 있지만 20개씩 나눠 주면 모자라게 되지."

지현이는 숫자를 칠판에 쓰기 시작했습니다.

"320 중에 280을 사용했으니까 얼마가 남지?"

28반에 10개씩 먼저 나눠 주는 거야. 여기서 1은 10이라는 뜻이야. 그러니까 꼭 10의 자리에 1이라고 써야 해.

28은 280을 말하는 거야. 먼저 10개씩 나눠 주면 280이 필요하다는 뜻이야.

"40!"

"좋아. 그럼 40을 28씩 나눈다면 몇 개씩 나누면 되니?"

"그야 한 개지! 이제 다 알았어. 한 개씩 더 나눠 주면 28이 필요하고, 12가 남아."

지현이가 현욱이를 보며 빙긋 웃었습니다.

"이번에는 내가 혼자 해 볼게."

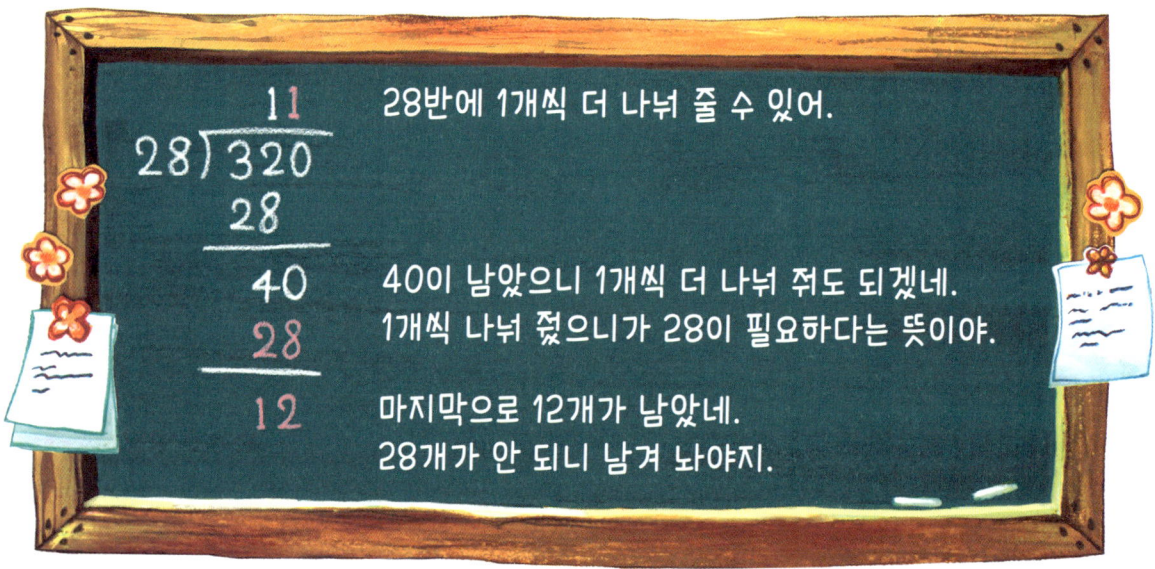

현욱이가 칠판에 쓰기 시작했습니다.

"990개를 37곳에 나눌 거야. 37이 열 번이면 370, 37이 20번이면 740, 37이 30번이면 1110이니까 모자라네. 20개씩 먼저 나눠야겠다."

현욱이는 지현이가 해준 설명을 더듬으며 천천히 써 나갔습니다.

"740을 썼으니까 250이 남았어. 250을 37씩 나누면? 37곳을 약 40곳으로 생각해 봐야지. 40씩 몇 번이면 250이 될까? 4×6은 24! 40은 0이 하나 더 붙어 있으니까 240! 여섯 개씩 나눌 수 있을 것 같다. 37씩 여섯 번이면 37×6은 222! 나눌 수 있어."

문제가 잘 풀리자 현욱이는 더 신이 났습니다.

"마지막으로 250 중에 222를 썼으니까 28이 남았어."

"현욱이 너, 대단한걸."

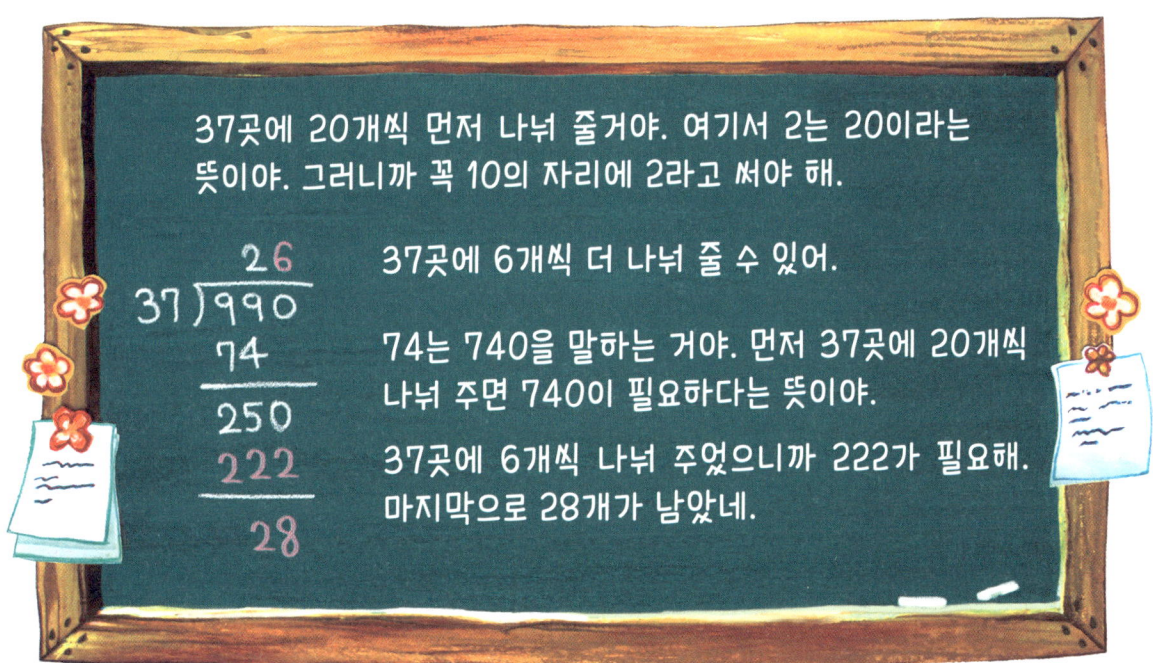

"아니야, 지현아, 나는 나눗셈이 더 대단한 것 같아."

"뭐가?"

"우선 990을 37곳에 똑같이 나눈다는 말을 이렇게 쓴 거잖아."

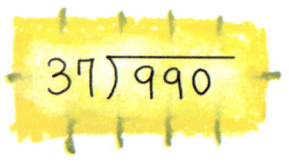

현욱이는 종이 위에 숫자를 또박또박 써 나갔습니다.

"그리고 20개씩 먼저 나눠 주면 740이 필요하고, 250이 남는다는 말을 이렇게 쓴 거고."

"또다시 250을 37곳에 똑같이 여섯 개씩 나누어 주면 222가 필요하고 28이 남는다는 말을 이렇게 쓴 거지."

지현이는 현욱이의 말을 귀담아들었습니다.

"식을 간단하게 써 놓은 것 속에 나눗셈하는 과정이 이렇게 많이 들어가 있을 거로 생각하지 못했어. 신기하고 재미있는걸. 이젠 나눗셈 중에 더 어렵고 복잡한 것도 할 수 있을 거 같아. 괜히 여기저기 책상 위에 딱풀을 올려놓느라 고생했잖아. 나눗셈을 했으면 그냥 박스를 들고 다니면서 11개씩 나눠 주기만 해도 됐을 텐데."

"와~ 현욱이 짱인걸. 그런데 나눗셈은 더 신기한 게 있어."

"뭔데?"

"먼저 물어볼게. 990개를 37곳에 나눠야 한다면 몇 개씩 줘야 할까?"

"26개씩 주면 되지."

"그럼 990개를 37개씩 주면 몇 명한테 갈까?"

"26명한테 줄 수 있지."

"딩동댕! 나눗셈을 해야 하는 상황은 두 가지가 다르지만 둘 다 990÷37이라는 나눗셈식은 같아. 물론 나눗셈을 하는 방법도 같고."

"그렇구나. 사과 30개를 두 개씩 봉지에 담으면 30÷2는 15야. 그러니까 15봉지가 필요한 거지?"

30÷2= 15

지현이가 고개를 끄덕이며 말을 이었습니다.

"또 사과 30개를 두 명에게 주면 30÷2는 15. 15개씩 줄 수 있지."

30÷2= 15

"상황은 다르지만, 나눗셈식은 둘 다 30÷2=15라는 거지?"
"그래. 너는 머리는 나쁜데 이해는 잘한다. 크크."
"이게? 너, 맞을래?"

그때 뒷문이 드르륵 열리더니 아이들이 우르르 들어왔습니다.

"야, 너희들! 칠판 앞에서 머리를 맞대고 뭐 하고 있니? 둘이 결혼하냐?"

"아니거든! 현욱이가 수학 못해서 가르쳐 주고 있거든. 선생님 심부름이야."

"뭐라고? 선생님이 현욱이에게 나눗셈을 가르쳐 주라고 시키셨다고? 거짓말!"

"아니라니까! 내가 거짓말하는 거 봤어?"

지현이가 말다툼하려다 말고 허둥지둥 딱풀을 상자에 담았습니다. 아이들이 지현이를 따라다니며 놀렸습니다. 현욱이는 화를 낼 수도 없고 그냥 있는 것도 어색해서 칠판 앞에 엉거주춤 서 있기만 했습니다.

'에이, 왜 벌써 들어오고 있어? 좀 천천히 들어오지. 아직 선생님도 오시지 않았는데.'

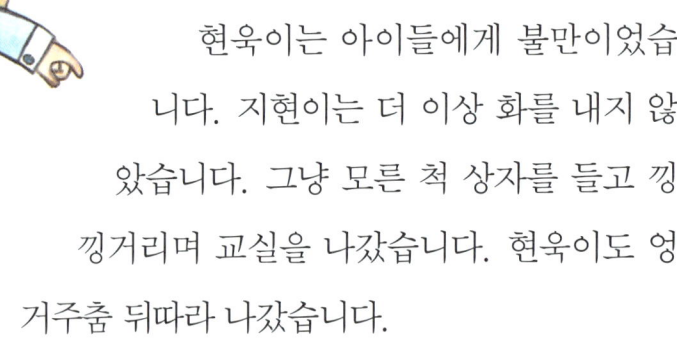

현욱이는 아이들에게 불만이었습니다. 지현이는 더 이상 화를 내지 않았습니다. 그냥 모른 척 상자를 들고 낑낑거리며 교실을 나갔습니다. 현욱이도 엉거주춤 뒤따라 나갔습니다.
"야, 지현아 같이 가자. 그거 무거워!"

딱풀 들고 뛰어라

선생님이 딱풀을 전교 반에 나눠 주라고 심부름을 시키셨다. 나는 어떻게 나눠야 할지 몰라 헤맸는데 지현이가 도와주었다. 이 일을 하면서 어려운 세 자릿 수 나눗셈도 잘하게 되었다.

378÷18을 한다고 하면 먼저 곱셈을 생각하면 쉽다.

18곳에 열 개씩 나누어 준다면? 18×10은 180, 180이 있어야 한다. 20개씩 나누어 준다면? 18×20은 360, 360개가 있어야 한다. 30개씩은 나누어 줄 수 없다. 540이 있어야 하는데 378밖에 없으니까.

먼저 20씩 나누어 준다. 그러면 360을 쓰게 된다. 378에서 360을 빼면 18이 남는다. 18을 가지고 하나씩 더 나누어 준다. 나머지는 0이다. 그러니까 378÷8은 21이다.

그리고 나눗셈은 두 가지 다른 상황이 있어도 나눗셈식과 계산하는 방법은 같다.

나눗셈 과정 속에 그렇게 많은 사실이 들어 있는지 몰랐다. 나눗셈식은 참 신기한 것 같다.

각과 각의 크기
벌서는 것도 공부, 장난치는 것도 공부

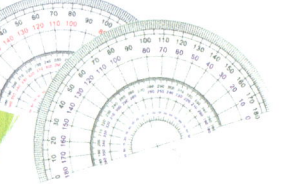

"야, 너희들 빨리 나와!"

쉬는 시간에 현주가 남자 화장실 문을 발로 차면서 소리를 질렀습니다.

"야, 종선아. 문 꼭 잡아. 열리잖아. 문 열리면 우리는 현주한테 죽어."

"알았어. 너나 꼭 잡아."

그때 교실에서 선생님이 나오시더니, 화장실 앞으로 오셨습니다. 화장실 문 주위에서 구경하며 응원하던 아이들은 슬금슬금 교실로 흩어져 들어갔습니다. 남자 화장실 문을 두드리며 소리를 지르던 현주는 재빨리 옆에 있는 여자 화장실로 쏙 들어갔습니다.

"누구야, 안에서 문 잠근 사람! 문 열어."

"급하면 아래층으로 가. 미안해. 밖에 마녀가 있단 말이야."

"어쭈, 빨리 열어라. 화장실이 너희 집 안방이냐?"

현욱이는 밖에서 들려오는 목소리가 좀 이상하다고 생각했습니다. 그래서 문을 살짝 열고 틈으로 확인했습니다.

"야, 종선아, 선생님이야. 빨리 속으로 숨어."

현욱이와 종선이는 화장실 문손잡이를 놓고, 후다닥 대변기가 있는 곳으로 숨었습니다.

"나와라, 현욱이랑 종선인 거 다 안다."

현욱이와 종선이가 머리를 푹 숙이고 선생님 앞으로 나왔습니다.

"교실에 가서 손들고 서 있어!"

"아니에요, 선생님. 현주가 먼저 놀렸단 말이에요."

"선생님, 사실은요. 현욱이랑 종선이가 저를 남자 화장실에 집어넣었어요."

어느새 현주도 다가와서 현욱이와 종선이를 일러바쳤습니다.

"뭐? 누구 말이 사실이야? 서로 상대방이 잘못했다고 우기고 있잖아. 어쨌든 너희 문제는 너희끼리 알아서 해결해라. 그리고 다른 사람이 볼일 보러 화장실에 들어가지 못하게 한 것에 대해서만 교실에서 5분 손들고 서 있기!"

선생님은 말씀을 마치고 교무실로 들어가셨습니다.

현욱이와 종선이는 교실 뒤쪽의 게시판 앞에서 팔을 들고 서서 씩씩거렸습니다. 현주는 어수선한 분위기를 틈타 현욱이와 종선이를 향해 메롱하고 혀를 내밀었습니다.

"아, 언제 5분이 지나지? 현욱아, 시곗바늘 좀 봐라. 5분이 왜 이리 늦게 가냐?"

"얼마 안 남았어. 조금만 기다려 봐."

현욱이는 내내 교실 벽시계만 쳐다보고 있었습니다. 그런데 그때 지현이가 교실 문 앞에 나타났습니다. 현욱이는 너무 창피해서 고개를 푹 숙였습니다. 지현이는 불쌍하다는 듯이 현욱이를 쳐다보았습니다.

4교시 수학 시간이었습니다.

선생님이 막대를 가지고 각에 관해 설명했습니다.

"에! 그러니까 선생님이 들고 있는 막대기를 잘 보렴. 이 막대기가 선이야. 직선이 두 개 만나는 도형을 각이라고 하는데, 각은 크기가 변하지."

"네, 선생님. 다 알아요. 각의 크기가 크면, 좋을 때도 있고, 나쁠 때도 있어요."

"현욱아, 그게 무슨 말이냐?"

"오늘 화장실에서 현주랑 장난칠 때 말이에요. 현주가 남자 화장실에 들어오려고 할 때, 각이 조금이라도 커지면 현주가 들어올 것 같았어요. 그래서 문을 힘껏 밀어서 각이 커지지 않게 한 거예요."

"오호~ 화장실 문에 각이 있었단 말이지? 화장실 문에 각이 어떻게 생기지? 직선이 두 개는 있어야 하는데?"

"화장실 문짝이 직선 하나고요, 또 문틀이 직선 하나예요.

화장실 문이 열릴 때마다 각이 커졌다 작아졌다 해요."

"그럼, 각이 커졌을 때 좋은 점은 뭐지?"

"사실은 저랑 종선이가 장난으로 현주를 남자 화장실에 끌고 왔거든요. 그때는 각이 커야 좋았어요. 쉽게 들어갈 수 있으니까요."

"그러니까 장난을 하면서 수학을 공부했다는 거지? 현욱이가 정신없이 장난만 치는 줄 알았는데, 뜻밖이야. 좋아. 그러면 이번에는 각의 변을 공부해 볼까? 각을 이루는 두 직선을 변이라고 하지. 그런데 변의 길이가 아무리 길어도 각의 크기와는 상관이 없단다. 그럼 현욱아, 이것도 놀다가 발견한 것이 있니?"

"크크크, 이것도 오늘 있었던 일인데요. 벌설 때요. 5분이 아주 길더라고요. 그래서 시계만 봤어요. 시곗바늘이 재깍재깍 지나가면 초바늘이 움직여서 각이 자꾸 커졌다가 다시 큰 바늘에 붙어요. 각이 커졌다 작아졌다 하는 거지요. 그런데 제 손목시계의 바늘도 그런지 궁금했어요. 손목시계의 바늘이 훨씬 작잖아요. 잠

간 팔을 내려 확인해 보니 손목시계가 작다고 해서 벌어지는 각이 작은 건 아니었어요. 시간은 똑같이 가요."

"그러니까 각의 변의 길이와 각의 크기는 상관이 없다는 말이구나."

"네, 맞아요."

"와! 오늘부터 현욱이를 벌의 왕자로 임명해야겠다. 장난치면서, 벌서면서 깨달은 것이 수학 공부에 관한 것이니까 말이야. 그런데 더 깨달은 것은 혹시 없니?"

"있어요. 화장실은 냄새가 나서 놀기에 알맞지 않다는 거요."

"그걸 이제야 알았냐?"

현주가 퉁명스럽게 말을 받았습니다. 아이들은 여기저기에서 깔깔 웃었습니다.

"자, 각도기 모두 가지고 왔지? 이제 각도기를 사용해 각도를 공부하도록 하자."

선생님은 각도기를 써서 각도를 보는 법을 알려 주었습니다. 아이들은 각도를 재 보느라 소란스러웠습니다. 현욱이도 직선 두 개를 많이 만들어 각도를 재 보았습니다. 그러다 보니 수학 시간이 훌쩍 지나갔습니다.

수업이 다 끝나 집으로 가는 길에 현욱이는 현주와 이야기를 하고 싶었습니다. 현주가 지현이와 친해서 자신의 험담을 할지 모르기 때문이지요. 그래서 현욱이는 건물 현관 앞에서 두 사람을 한참 기다렸습니다. 그러나 아무리 기다려도 나오지 않았습니다. 현욱이는 실망한 채 터덜터덜 집으로 돌아왔습니다. 그런데 벌써 지현이는 집에 와 있었

습니다.

"현욱아, 너 왜 이렇게 늦게 오니?"

"어? 지현아, 너 언제 왔어? 그런데 어디 가?"

현욱이는 지현이를 보자 반갑기도 하고 걱정스럽기도 했습니다.

"할머니 심부름하러 슈퍼에 가는 거야. 너 오늘 수학 시간에 좀 멋있더라. 현주가 너 다시 봤대. 그렇게 이런저런 생각을 많이 하는 줄 몰랐대. 사실 남자애들은 순 장난만 치고 야단만 맞는 아이들인줄 알았거든."

"어? 뭘 그걸 가지고. 할머니 심부름 얼른 갔다 와. 늦으면 할머니 걱정하시잖아."

"알았어, 안녕! 이따 보자."

'야호! 현주가 의리는 있단 말이야. 나도 여자아이들을 다시 봐야지. 괜히 선생님이나 부모님께 일러서 혼만 나게 하는 줄 알았더니 의리가 있었어. 오늘은 경사 났네, 경사 났어.'

현욱이는 집으로 돌아와서도 기분이 좋았습니다. 하지만 너무 긴장했던지 목이 탔습니다. 그래서 냉장고에서 물을 꺼내 한 번에 벌컥벌컥 들이켰습니다.

"뭐야? 냉장고 문을 열 때도 각이 커졌네. 방문을 열 때도 각이 커졌다가 닫으면 180도가 되고."

현욱이는 방문을 자세히 살펴보았습니다.

"가만있자. 방문을 닫으면 0도가 되는데, 방문을 닫은 것이 또 180도가 될 수도 있잖아? 방문이 닫혀 있을 때부터 시작해서 각이 조금씩 커지다가, 벽이랑 완전히 한 줄이 될 때까지 열리면 180도가 되잖아."

현욱이는 신이 나서 그림까지 그리며 확인을 해 봤습니다.

방문이 열릴 때 각이 변하는 모습

열리지 않았을 때 0° 　　　반 정도 열렸을 때 90° 　　　완전히 열렸을 때 180°

방문을 닫을 때 각이 변하는 모습

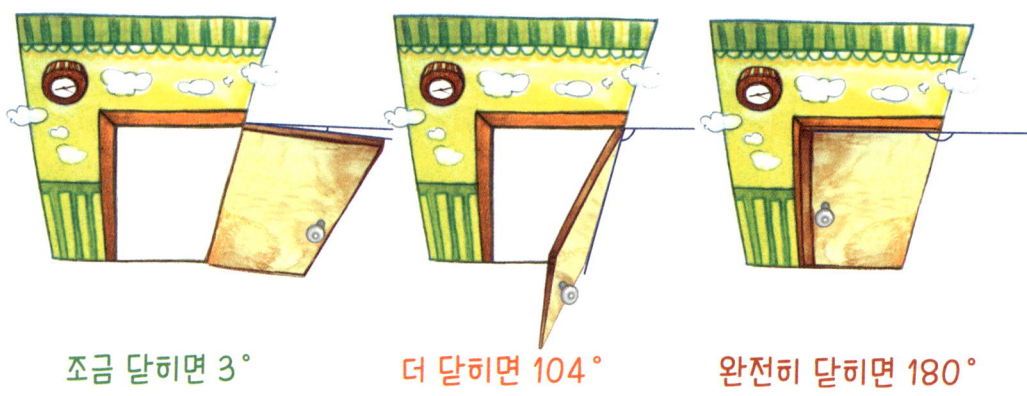

조금 닫히면 3° 더 닫히면 104° 완전히 닫히면 180°

"한쪽 벽이 각도가 0도가 되기도 하고 반대 방향에서 보면 180도가 되기도 하는구나."

현욱이는 내친김에 가방에서 각도기까지 꺼내서 살펴보았습니다. 각도기 밑변의 선에도 양쪽에 모두 180도와 0도가 함께 쓰여 있었습니다.

"역시. 내 예상이 맞았군, 맞았어."

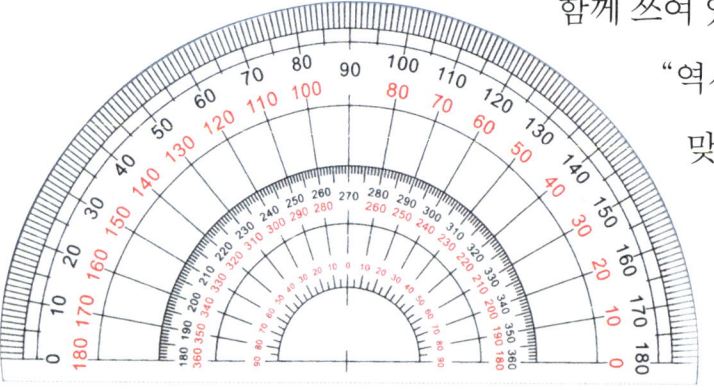

각도기를 한참 살펴보던 현욱이는 집 안을 다니며 물건의 모

서 각도를 재기 시작했습니다.

"식탁 90도, 창문 90도, 현관문 90도, 상자 모서리도 90도, 숟가락 통 모서리도 90도. 세상은 온통 90도, 직각이네. 왜 이리 90도가 많을까?"

현욱이는 왜 90도가 많은지 골똘히 생각했습니다. 그러다가 물건들이 만약 90도가 아니라면 어떻게 될지 상상해 보았습니다.

"직각이 편하구나. 건물과 땅이 직각이 아니라면 건물은 쓰러지고 말 거야. 다리를 만들 때도 이왕이면 강물 사이에 직각으로 놓으면 다리 길이가 짧아서 다니기가 훨씬 쉬울 거야."

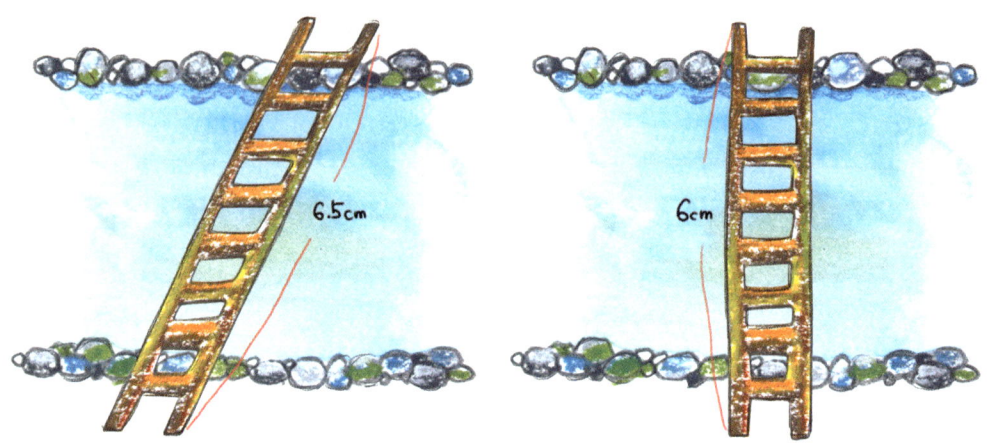

현욱이가 각도기로 실제 물건의 모서리 각을 재어 보니 90도가 많았습니다. 그러나 수학에서 도형의 각은 90도가 아닌 것이 많았습니다. 삼각형, 사각형, 오각형 등 다각형의 각도 90도가 아닌 것이 더 많았습니다. 현욱이가 삼각형의 세 각을 모두 재어 보니 공통점이 있다는 것을 알게 되었습니다.

"어? 그런데 어떤 모양 삼각형이든 삼각형

세 각을 합하면 모두 180도가 되는구나. 신기한데."

현욱이는 모양이 다른 삼각형을 다섯 개 그려서 각도기로 재어 보았습니다. 그랬더니 역시 모두 세 각의 합은 180도가 되었습니다.

"그럼, 모든 사각형도 네 각을 합하면 같은 각도가 나올까? 해 봐야지."

"와! 사각형은 모두 360도가 되는구나. 아무리 생각해도 신기하다. 어떤 모양의 오각형이나 어떤 모양의 육각형도 이런 특징이 있을지도 몰라."

딩동딩동. 오각형과 육각형을 그리려는데 초인종이 울렸습니다.

"에잇, 재미있는데. 누가 날 방해하는 거야."

현욱이는 투덜거리며 인터폰 화면

을 보았습니다. 지현이가 눈을 동그랗게 뜨고 쳐다보았습니다. 현욱이는 배시시 웃었습니다.

벌서는 것도 공부, 장난치는 것도 공부

현주에게 장난을 쳐서 벌을 받았지만, 각에 대해 알게 되었다. 수학 시간에 내가 발견한 각에 대해 발표하자 선생님이 칭찬을 해주셨다. 그래서인지 집에 와서도 각만 보였다.

각은 화장실 문, 시곗바늘, 냉장고 문, 동화책, 아빠의 노트북, 현관문 등 세상 어디에나 있다. 냉장고 문을 열 때 각이 커졌다, 작아졌다 해서 꼭 살아 움직이는 듯한 느낌도 들었다.

또 여러 가지 도형의 각을 그리면서 발견한 게 있다. 삼각형과 사각형도 원칙이 있다는 것이다. 삼각형 세 각을 더하면 180도, 사각형 네 각을 더하면 360도가 된다. 삼각형이 어떤 모양이든지 사각형이 어떤 모양이든지 간에 원칙은 모두 같다.

우리 엄마는 책을 읽어야 컴퓨터 게임을 하게 해주시는 원칙을 꼭 지킨다. 우리 엄마랑 수학은 통하는 게 있다.

여러 가지 삼각형의 발견

딱지치기 금지 사건

"와! 짱이다! 현욱이 딱지 되게 많다. 현욱아, 나 딱지 하나만 줘. 응?"

원일이가 현욱이 옆에 다가가서 말을 붙였습니다.

"알았어, 가져!"

"고마워. 나도 시켜 줘."

"좋아, 붙어."

"가위바위보! 야호, 내가 먼저야."

현욱이네 반은 쉬는 시간마다 딱지 열풍이 불었습니다. 이번에는 문방구에서 파는 딱지가 아니라 종이로 접어서 만드는 딱지가 유행이 되었습니다. 종선이가 제일 먼저 딱지를 접기 시작해서, 현욱이가 합세하더니 이제 종민이, 태윤이, 민우, 준우, 진욱이, 원일이, 현욱이네 반 남자아이들은 모두 딱지치기를 시작했습니다. 쉬는 시간에 딱지치기를 안 하는 남자는 유일하게 선생님입니다. 심지어 여자아이 중에 아름이까지 딱지치기에 합세하더니 여자아이들 몇몇도 딱지치기에 재미를 붙였습니다. 그 중에서 역시 현욱이는 거의 딱지의 제왕이라고 할 수 있습니다. 처음에는 종선이에게 조금 밀리는 것 같더니, 이제 현욱이 딱지를 따 먹는 아이는 없습니다. 현욱이는 아예 딱지를 담는 딱지 주머니를 가방하고 같이 가지고 다녔습니다.

 그런데 그 재미있는 딱지치기가 두 주일 만에 막을 내리게 될 줄은 현욱이는 몰랐습니다. 그것도 강제로 학교에서 딱지치기를 할 수 없다는 벌을 받게 될 줄 말이에요.

아침부터 현욱이네 반 교실은 어수선했습니다.

"야, 선생님 오시기 전에 딱지치기하자."

현욱이가 먼저 딱지 주머니에서 딱지를 꺼내며 말했습니다.

"좋아, 붙어. 나 오늘 빳빳한 종이로 만들어 왔어. 내 딱지는 짱 딱지야. 다 이겨. 어제 우리 아빠랑 했는데도 내가 다 이겼어."

민우가 만들어 온 딱지는 과자의 겉 포장 종이로 만든 얼룩덜룩 못생긴 딱지였습니다. 그런데 그 딱지는 다른 어떤 딱지보다 강했습니다. 종민이 딱지도, 태윤이 딱지도, 준우 딱지도, 진욱이 딱지도, 원일이 딱지도 다 넘어갔습니다. 당연히 현욱이 딱지도 넘어갔지요. 다른 아이들은 딱지가 서너 장이어서 모두 포기하고 떨어져 나갔습니다. 딱지 주머니 속 딱지로 밑천이 든든한 현욱이만 끝까지 남았습니다.

"민우야, 또 해. 자, 가위바위보 하자."

"야, 이제 그만하자. 선생님 오실 때 다 됐어. 이따 하자."

"아니야, 그냥 해. 지금 해. 선생님 오시면 그때 그만해."

"아이참, 이따 하자니까. 알았어. 가위바위보!"

"와! 이겼어. 참, 마지막 기를 불어넣고, 흐압! 에잇! 와!"

"와, 현욱이가 넘겼어. 민우 딱지가 넘어갔어."

"내 거 됐어. 봤지? 내 거야. 이 짱 딱지는."

"야, 다시 해. 네가 기합 넣었잖아. 기합 넣는 것은 치사한 거야."

"아니야, 언제 기합 넣는 것이 치사하다고 했어? 맨 처음에 그런 말 없었잖아."

"야, 그럼 다시 대. 또 해. 자, 가위바위보 해."

"이제 정말 선생님 오실 때 됐어. 이따 해."

현욱이는 딱지 주머니를 챙겨서 자리에서 일어났습니다.

"야, 이 치사한 놈아."

민우가 현욱이의 뒷머리를 한 대 때렸습니다.

"이게? 쳤어?"

현욱이는 머리 맞는 것이 제일 싫었습니다. 자기가 아무리 잘못해도 선생님이든 부모님이든 머리를 때리면 이상한 불이 눈으로 올라와 마구 소리를 지르고 우는 습관이 있습니다. 민우가 뒷머리를 때리는 순간 현욱이는 자기도 모르게 손바닥으로 민우의 머리를 퍽 때렸습니다. 순식간에 민우와 현욱이는 붙어서 발로 차고, 손톱으로 긁고, 싸움판을 벌였습니다. 아이들이 말린다고 말렸지만 고함 소리만 들렸습니다.

"그만해라."

선생님 목소리가 들려왔습니다. 선생님은 무서운 얼굴로 둘을 내려다보셨습니다.

"자리로 들어가라."

짧게 말씀하시고 선생님은 아무렇지도 않은 듯 자리에 앉

으셨습니다. 그리고 마술사처럼 모든 것을 말씀하시기 시작했습니다.

"딱지 다 책상 위에 내놔 봐. 오늘 딱지치기하면서 치사한 일 한 사람 다 나와."

아무도 나오지 않았습니다. 네가 치사하다 네가 치사하다 하면서 싸운 줄을 선생님은 어떻게 아셨는지 이상했습니다. 분명히 교실 문 앞에 망을 보는 아이가 있어서 우리가 싸우기 전의 일을 모르실 텐데요. 선생님은 몇 번 더 치사한 일 한 사람 나오라고 외치셨습니다. 그러나 역시 아무도 나오지 않았습니다. 그러자 선생님은 단번에 법칙을 하나 만들어 버리셨습니다.

"이제 학교에서 딱지치기는 못 한다. 학교에서 딱지치기하는 사람은 선생님이 정한 벌을 받는다."

현욱이는 민우와 싸움이 끝난 줄 알았습니다. 그런데 쉬는 시간에 화장실 앞에서 다시 민우가 시비를 걸었습니다. 민우는 먼저 현욱이가 치사한 일을 했다고 주장했습니다. 현욱이는 민우가 먼저 때려서 싸움을 걸었다고 주장했습니다. 두 주장이 팽팽하게 맞섰습니다. 아이들이 순식간에 선생님께 말씀을 드렸습니다. 선생님은 번개처럼 나타나 우리에게 벌을 내리셨습니다. 사실 싸움은 시작하지도 않았는데 말이에요.

　수업이 끝나고 현욱이와 민우는 남아서 처음 딱지를 시작한 이야기부터 나중에 주먹으로 싸우기까지 있었던 일을 종이에 몽땅 써야 했습니다. 그리고 싸우지 않겠다고 200번도 넘게 썼습니다. 손목도 아프고 손가락도 아팠습니다. 팔이 떨어질 정도로 아팠습니다. 선생님이 무서워서 말도 못하고, 두 시간 넘게 쓰고 또 썼습니다. 서로 더 많이 썼나 흘

금흘금 훔쳐보기도 했습니다. 아까는 아주 얄미웠는데 쓰다 보니까 얄미운 마음도 지겨워서 잊어버렸습니다.

 선생님은 둘이 쓴 것을 보더니 그냥 가라고 하셨습니다.

 '그만하자고 할 때 괜히 계속하자고 우겼어. 쉬는 시간에 해도 짱 딱지 딸 수 있었는데.'

 현욱이는 자신의 행동을 후회했습니다.

 '그냥 따 가지고 가게 둘걸. 쉬는 시간에 계속하면 다시 찾아올 수 있었는데.'

 민우도 마찬가지였습니다.

 그런데 현욱이는 민우에게 사과도 안 하고, 잘 가라는 인사도 못 하고 집으로 왔습니다. 엘리베이터 안에서 9층을 눌렀습니다. 지현이네 집으로 먼저 가려고 했거든요. 학교에서 싸운 사실을 엄마한테 이르지 말라고 지현이한테 부탁하기 위해서지요.

 "안녕하세요? 할머니."

 "그래. 지현아, 현욱이 왔다."

 지현이 할머니는 현욱이를 반갑게 맞아주시고 금방 방으로 들어가셨습니다.

지현이가 방에서 얼굴을 빼꼼히 내밀었습니다.

"지현아, 너, 우리 엄마한테……."

"야, 현욱아 잘 왔어. 나, 너한테 가려고 했어. 딱지 접는 거 가르쳐 줘."

지현이가 딱지 이야기를 하자, 현욱이는 말을 마저 할 수 없었습니다.

"그래, 알았어. 딱지 만들 종이도 가져와. 나 따라 하면 돼."

지현이는 금방 종이를 가지고 거실로 나왔습니다. 현욱이는 먼저 접으면서 설명을 하고, 지현이는 따라 했습니다.

"종이를 직사각형으로 길게 오려 준비해. 먼저 맨 아래 오른쪽 꼭짓점을 들어서 삼각형이 되도록 딱 맞게 접어."

"다시 오른쪽 아래 꼭짓점을 들어서 평행사변형이 되도록 딱 맞게 접어 올려."

지현이는 현욱이가 하는 걸 보고 쉽게 따라 했습니다.

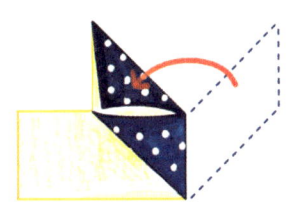
"이제 평행사변형이 뒤집어지도록 접어."

"그리고 위에 있는 삼각형을 선을 따라 아래로 접어."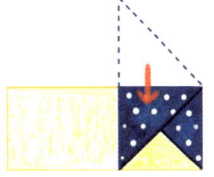

"이제 왼쪽 직사각형 종이가 아래로 오도록 딱 맞춰서 접어."

"삼각형 부분이 오른쪽으로 겹쳐지도록 접어."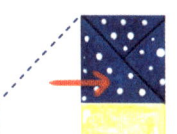

"그리고 아래쪽 직사각형 종이가 오른쪽으로 오도록 딱 맞춰서 접고 나머지를 잘라내."

"이제 마지막으로 아래 삼각형을 위로 올려서 종이의 꼭짓점 부분을 삼각형 안쪽으로 집어넣어."

"와! 딱지가 완성됐다."

지현이는 팔을 번쩍 올리며 좋아했습니다. 그런데 정말 이상한 일이 생겼습니다. 현욱이에게 이등변삼각형이 눈에 띄었거든요. 이등변삼각형이라니! 이상한 일입니다. 그동안 100번도 더 딱지를 접었지만, 이등변삼각형을 발견하지는 못했거든요. 그런데 지현이와 딱지를 접는 지금, 이등변삼각형이 눈에 띈 것이지요.

"지현아, 잠깐. 이거 이등변삼각형이지?"

"응, 어디?"

①번과 ③번은 평행이고 직각으로 올린 것이니까 길이가 같음

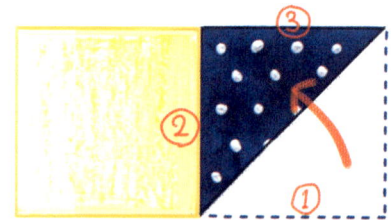

①번과 ②번은 평행이고 직각으로 올린 것이니까 길이가 같음

"봐, 종이를 직사각형으로 길게 잘랐으니까 1번과 3번은 당연히 평행이고, 삼각형을 직각이 되도록 올렸으니까 길이가 같아."

지현이가 접은 종이를 유심히 살펴보았습니다.

"그런데 위로 그대로 접은 것이니까 1번과 2번도 길이가 같아. 그러니까 삼각형에서 두 변 즉 2번과 3번 길이가 같으니까 이등변삼각형이야."

현욱이가 자신 있게 말했습니다.

"그뿐이 아니야. 딱지 접기 하면서 나오는 삼각형은 모두 이등변삼각형이야. 봐 봐. 전부 이등변, 이등변, 이등변삼각형이야. 와! 놀랍지 않냐?"

"정말이네. 현욱아, 너 대단하다. 어떻게 이런 데서 이등변삼각형을 찾았어?"

"글쎄, 이 몸이 조금 똑똑해. 잘 보면 이등변삼각형인 데다가 직각삼각형이기도 해. 직각이등변삼각형이란 말이지. 봐, 삼각형 안에 모두 직각이 있잖아."

"하여튼 칭찬을 못 해요. 위로 좀 해주려고 딱지를 배웠더니, 잘난 척은. 이제 나도 좀 바쁘다. 인제 그만 좀 가라."

"알았어. 나 간다. 참, 우리 엄마한테 나 오늘 혼난 거 절대 말하면 안 돼! 우리 엄마 아시면 난 이제 노는 시간 하나도 없어."

"알았어. 대한민국 초등학생 사정을 초등학생이 알아주지 않으면 누가 알아주겠어. 걱정하지 마!"

현욱이는 집에 와서 거울을 봤습니다. 민우와 싸우다 손톱에 긁힌 자국이 이마에 있었습니다. 엄마에게 들킬까 봐 머리카락을 자꾸 내려서 덮었습니다. 그런데 그때 지현이 생각이 났습니다. 분명 지현이는 싸움을 한 현욱이를 위로해 주려고 딱지 접는 방법을 가르쳐  달라고 했을 것입니다. 어느 때는 엄마보다 지현이가 현욱이의 마음을 더 잘 알아줄 때도 있는 것 같습니다.

"지현이한테 뭐 더 가르쳐 줄 것이 없을까?"

현욱이는 문득 지현이가 고맙게 느껴졌습니다.

"딱지에 이등변삼각형이 있다면 종이로 정삼각형도 접을

수 있을까?"

현욱이는 인터넷으로 '종이 한 장으로 정삼각형 접기'라고 검색해 보았습니다. 역시 인터넷에는 종이로 정삼각형을 접는 방법이 자세하게 나와 있었습니다. 현욱이는 내일 지현

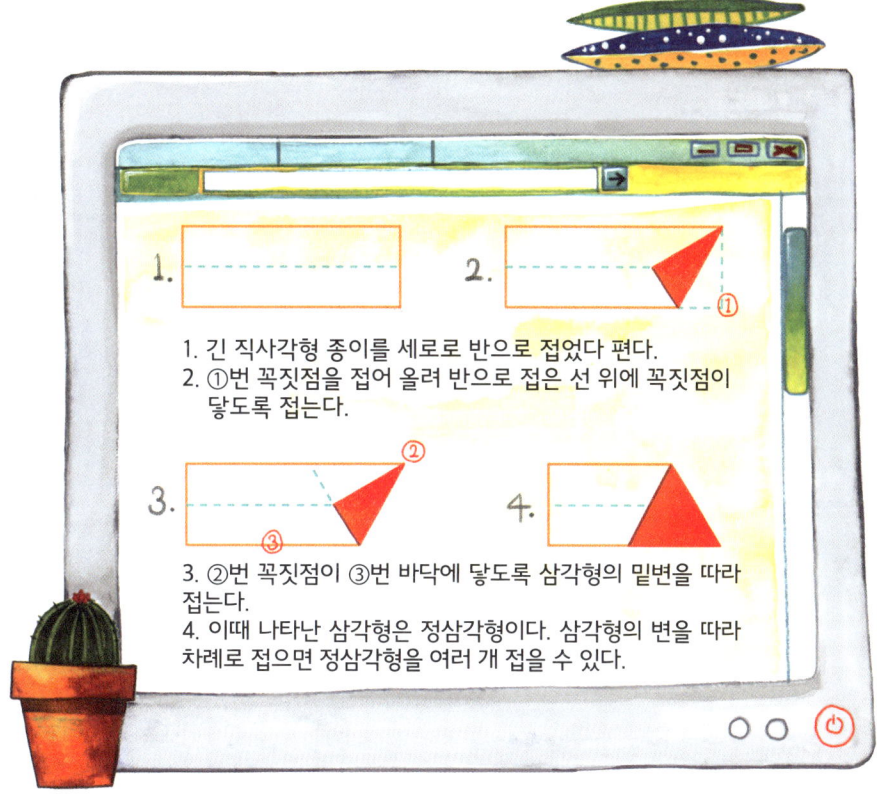

이한테 정삼각형 접는 방법을 알려 줄 생각을 하니 기분이

좋았습니다.

"잘생겼어, 똑똑해."

현욱이는 거울을 보며 오른손 엄지와 검지를 턱에 대고 모델처럼 얼굴 모양을 만지면서 웃었습니다.

딱지치기 금지 사건

　지현이가 딱지 접는 법을 가르쳐 달라고 했다. 나는 딱지를 접으면서 이등변삼각형을 발견했다. 아무 생각 없이 딱지를 만들 때는 몰랐는데, 지현이에게 설명하면서 보니 딱지는 직각이등변삼각형이 겹쳐지고 또 겹쳐져서 모양이 만들어졌다.

　이등변삼각형은 양쪽 각의 크기가 같거나 두 개의 변의 길이가 같다. 나는 딱지가 정말 이등변삼각형인지 확인하기 위해 각도기로 재 보았는데 역시 양쪽 각의 크기가 같았다. 또 딱지 속에 생긴 조그만 삼각형도 이등변삼각형인지 알아보았다. 보기에는 분명히 이등변삼각형 같았다. 그래서 자로 재 보았더니 변 두 개가 길이가 같았다.

　세 변의 길이가 모두 같은 삼각형은 정삼각형이다. 인터넷으로 정삼각형 접는 방법도 알아냈다.

　학교에서 수학 시간에 공부할 때는 재미가 하나도 없었는데 어쩌다 이렇게 이등변삼각형이 머리에 쏙 들어오게 되었는지 신기했다.

누구 수가 더 큰가

◆ **준비물** 수카드 1세트(약 4×5cm 정도로 자른 두꺼운 도화지에 0에서 9까지 숫자를 크게 쓴다.)

❶ 수카드를 잘 섞어서 뒤집어 놓는다.

❷ 가위바위보로 순서를 정한다.

❸ 먼저 한 사람이 뒤집어진 수카드 중 한 장을 골라서 일의 자리를 만든다.

❹ 다른 사람이 뒤집어진 수카드 중 한 장을 골라서 일의 자리를 만든다.

❺ 처음 사람이 뒤집어진 수카드 중 한 장을 골라서 십의 자리를 만든다.

❻ 다른 사람이 뒤집어진 수카드 중 한 장을 골라서 십의 자리를 만든다.

❼ 수카드가 모두 없어질 때까지 번갈아 가며 수카드를 한 장씩 골라서 만 자릿수까지 만든다. 각자 자기가 만든 다섯 자릿수를 읽은 다음, 더 큰 수를 만든 사람이 1점을 얻는다. 10번을 해서 점수가 더 많은 사람이 이긴다.

● 수카드를 2세트를 준비해서 10자리 수 만들기를 할 수도 있다.
● 수카드 세트를 더 준비하면 2명 이상 놀이할 수 있다.

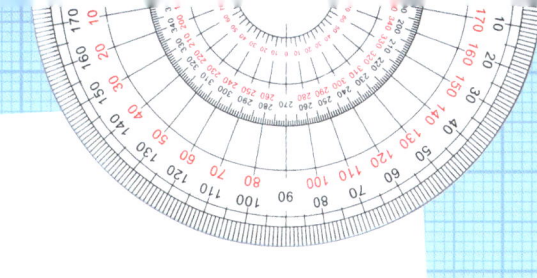

직선의 각도는 180°래요!

◆ **준비물** 할핀, 두꺼운 도화지로 만든 시계 모형 각 놀이판 2개(두꺼운 도화지에 반원을 그린 다음, 10°씩 눈금 표시를 하고, 반원의 중심에 구멍을 뚫은 다음, 시곗바늘(두꺼운 도화지를 길게 자름)이 움직이도록 할핀으로 꽂는다.)

❶ 각자 자기 놀이판의 바늘 2개를 겹쳐지게 해놓고 시작한다.

❷ 가위바위보를 해서 이긴 사람만 각을 크게 벌어지게 한다. 이때 가위로 이기면 10°, 바위로 이기면 20°, 보로 이기면 30°를 벌어지게 한다.

❸ 가위바위보를 하면서 각을 크게 벌어지게 하다가 먼저 180°를 만든 사람이 이긴다.

❹ 두 번째는 180°에서 시작한다. 가위바위보를 해서 각을 작게 만들다가 0°로 먼저 만든 사람이 이긴다.

놀이판을 채워라

◆ **준비물** 눈금이 9, 8, 7, 6, 5, 4로 된 주사위 2개(시중에서 산 주사위 각 면에 9, 8, 7, 6, 5, 4 숫자를 작게 쓴 종이를 스카치테이프로 붙여서 만들면 된다.), 곱셈 구구 놀이판

❶ 가위바위보로 순서를 정한다.

❷ 이긴 사람이 먼저 주사위 2개를 굴린다.

❸ 나온 두 수로 곱셈 구구를 외운 다음, 나온 곱에 해당하는 놀이판의 수에 자기 표시를 한다(예를 들어 별, 동그라미, 세모, 꽃 표시 등).

❹ 다음 사람이 주사위 2개를 굴린다.

❺ 나온 두 수로 곱셈 구구를 외운 다음, 나온 곱에 해당하는 놀이판의 수에 자기 표시를 한다(예를 들어 별, 동그라미, 세모, 꽃 표시 등).

❻ 다른 사람이 표시한 수가 나오면 표시를 지우고 자기 표시로 바꿀 수 있다. 곱으로 나온 수에 자기 표시가 이미 되어 있으면 꽝이 된다.

❼ 번갈아 가며 주사위를 20번씩 굴린 다음 표시가 많은 사람이 이긴다.

1	2	3	4	5	6	7	8	9	10
11	12	13	14	15	16	17	18	19	20
21	22	23	24	25	26	27	28	29	30
31	32	33	34	35	36	37	38	39	40
41	42	43	44	45	46	47	48	49	50
51	52	53	54	55	56	57	58	59	60
61	62	63	64	65	66	67	68	69	70
71	72	73	74	75	76	77	78	79	80

무게의 단위

무게 재기는 재미있어

    현욱이네 아파트 근처에는 살림 마트가 있습니다. 이곳은 현욱이네 아파트 사람들뿐 아니라 이웃 아파트의 사람들도 많이 이용하는 큰 슈퍼입니다. 현욱이는 아이스크림 한 개를 사더라도 살림 마트에 갑니다. 많은 사람 틈에 껴서 먹을 것이나 쓸 물건들을 구경하는 것이 재미있기 때문이지요. 저녁 무렵 현욱이는 학원에 가는 길에 아이스크림을 사러 살림 마트에 들렀습니다.

    슈퍼에는 사람들이 많았습니다. 쫙 늘어선 계산대마다 사람들이 줄을 서 있었지요. 현욱이는 아이스크림 냉장고가 있는 곳으로 가지 않고, 입구부터 천천히 구경했습니다. 시원한 기운이 품어 나오는 진열대에는 푸른 채소들이 살아 있는 것처럼 보였습니다. 감자, 고구마, 당근, 양파, 무 같은 채소들은 진열대가 달랐습니다. 그 옆에는 우동, 냉면, 두부, 어묵, 햄, 소시지, 우유, 음료수가 진열되어 있었습니다. 현욱이는 진열대에 놓인 상품을 보자 견학 가서 박물관 안의 전시물을 볼 때가 생각났습니다.

'만지지 마시오. 사진 찍지 마시오.'

박물관의 모든 진열대 앞에는 이런 문구가 붙어 있었습니

다. 그런데 슈퍼의 진열대 앞에는 '100g 245원, 한 봉지 1000원'이라는 문구가 붙어 있었습니다. 현욱이는 이 말이 참 재미있었습니다. 하나씩 읽으면서 비싼가? 싼가? 생각해 보기도 했습니다. 채소와 과일 판매대 옆에는 저울이 있었습니다. 사람들이 비닐봉지에 감자나 당근, 사과나 포도 같은 채소나 과일을 담아서 판매 아주머니에게 주면 아주머니는 그것을 저울에 올려놓았습니다. 그러면 저울 한쪽 옆에서는 채소의 무게와 값이 찍혀 나왔습니다. 평소에도 무게와 돈이 한 번에 찍혀 나오는 것이 신기했는데, 오늘은 그냥 지나갈 수가 없었습니다. 오늘 학교에서 저울의 눈금을 공부했기 때문에 더 관심이 갔거든요.

"슈퍼마켓 저울은 학교에서 무게 재는 저울이랑 다르구나. 학교에서 본 저울은 눈금이 있는데, 여기는 그냥 무게가 숫자로 나오네. 와우, 편한걸. 좋겠다."

오늘도 현욱이는 수학 시간에 지옥과 천당을 왔다 갔다 했습니다.

학교에서는 무게의 단위인 그램(g)과 킬로그램(kg)을 공부하면서, 눈금이 있는 저울로 무게를 재 보았습니다. 현욱이는 눈금이 있는 저울로는 무게를 알기가 어려웠습니다.

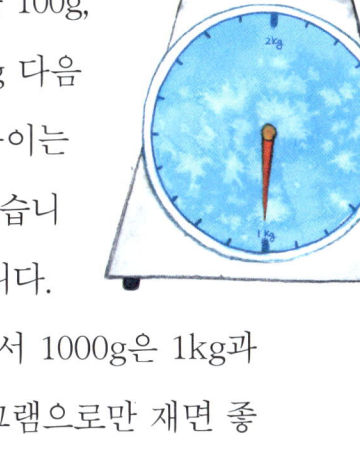

 저울에는 큰 눈금, 작은 눈금이 촘촘히 표시되어 있었습니다. 큰 눈금이 있는 곳에는 100g, 200g, 300g…… 차례로 써 있었고, 900g 다음에는 1kg이라고 쓰여 있었습니다. 현욱이는 900g 다음은 1000g이어야 한다고 생각했습니다. 그래서 저울 눈금을 보면 헷갈렸습니다. 그러다가 나중에 선생님의 설명을 듣고서 1000g은 1kg과 같은 무게라는 것을 알았습니다. 그냥 그램으로만 재면 좋겠는데, 왜 킬로그램을 만들었는지 모르겠다고 현욱이는 투덜댔습니다.

 눈금을 보면 1kg 다음은 1100g, 그다음은 1200g이었는데 여기서도 어려운 점이 생겼습니다. 1100g이라고 그냥 읽으면 좋겠는데, 꼭 1kg 100g이라고 고쳐서 읽는 방법을 알아야 했습니다. 현욱이는 한참 동안 쩔쩔매다가 겨우겨우 알았습니다. 1500g은 1000g과 500g을 합한 것이니까 1kg 500g이라고 써도 된다는 것을 말입니다. 그러면 그냥 1500g이라고 쓰면 되지 왜 이렇게 고생을 시키는지 이해할 수 없었습니다.

그런데 현욱이가 저울의 눈금과 그램, 킬로그램 때문에 고생하던 것도 잠시, 선생님의 한마디에 수학 시간이 천당으로 변했습니다.

"얘들아, 이제 교실에 있는 물건 중에서 자기가 재고 싶은 물건을 재 보자."

선생님의 말씀이 떨어지기가 무섭게 현욱이는 교실을 돌아다니며 물건을 찾기 시작했습니다. 아이들은 대부분 가방, 필통, 책, 신발주머니 등 주변의 물건을 쟀습니다. 현욱이는 주전자를 재 보더니, 벽에 있는 시계까지 떼서 쟀습니다. 심지어는 의자까지 재 본다고 친구들을 불러 모아서 저울에 올려놓으려고 했습니다. 친구들과 의자를 들어 올려 손으로 잡은 상태에

서 한쪽만 살짝 올려놓았는데도, 2kg짜리 저울의 바늘이 한 바퀴 뱅그르르 돌더니 왔다 갔다 했습니다. 현욱이와 친구들은 저울이 미쳤다고 낄낄거리며 좋아했습니다. 선생님은 이 모습을 보시고는 다행히 저울 망가진다고 야단을 치지 않으셨습니다. 의자를 제자리에 갖다 놓으라고만 하셨습니다. 저울 눈금을 공부할 때는 지루하고 어렵더니 진짜 무게를 재는 시간은 현욱이의 세상이었습니다.

"어? 그런데 아주 무거운 무게를 재려면 저울도 큰 것이 필요하겠네. 만약 100kg짜리를 그램으로 재면 100000g? 아휴 크다. 무거운 것을 그램으로 재면 엄청 수가 커져서 읽기가 복잡하구나. 그러니까 킬로그램도 꼭 필요하긴 하겠네. 그러면? 코끼리를 재는 저울도 있을까? 히히히."

아마 코끼리가 교실에 있었다면 현욱이는 코끼리 무게를 쟀을지도 모릅니다. 저울 눈금이 100바퀴가 넘게 뱅그르르 돌아가서 저울이 망가지더라도 말이에요. 현욱이는 학교에서 무게를 재던 즐거운 마음

이 갑자기 다시 살아났습니다. 학원에 빨리 가야 한다는 것도 잠시 생각이 나지 않았습니다. 현욱이는 얼른 감자가 쌓여 있는 곳에 가서 큰 감자 한 알을 비닐봉지에 담았습니다. 그리고 저울 근처에 있는 판매 아주머니가 다른 일을 하시는 사이 얼른 저울 위에 감자를 놓고 무게를 쟀습니다.

"124g. 와! 무겁다."

현욱이는 비닐봉지에 감자를 한 알 더 넣어서 재고, 또 한 알을 더 넣어서 쟀습니다. 다섯 번째 알을 넣어서 재는데, 아주머니가 보셨습니다.

"왜? 얼마나 필요하니? 엄마가 사 오라고 하셨어?"

"네. 아니, 저……."

아주머니는 벌써 무게와 값을 찍어서 비닐봉지 곁에 탁 붙이고는 묶어서 현욱이에게 주셨습니다.

"심부름도 잘하는구나. 우리 아들과 키가 비슷한걸."

현욱이는 어쩌지 못하고 감자가 든 비닐봉지를 받았습니다. 그러고는 몰래 감자 쌓인 곳에 풀어놓았습니다.

"휴, 놀랐다. 그래도 재미있는걸. 히히. 이번엔 토마토를 재 봐야지."

현욱이는 토마토 한 개를 비닐봉지에 담아 무게를 쟀습니다.

"157g. 어? 감자보다 토마토가 더 무겁구나. 이 토마토가 너무 커서 그런가?"

현욱이는 판매 아주머니 몰래 재니까 더 재미있었습니다. 토마토 무게를 재고 나서 현욱이는 자신이 157g짜리 토마토를 들고 무게를 재면 얼마나 될지 생각해 보았습니다.

"토마토 한 개를 들고 재도 혼자 잴 때와 눈금 가리키는 것이 좀 달라질까? 내 몸무게가 38.4kg에다가 토마토 무게가 157g이니까 38kg 400g+157g을 하면 알 수 있겠네. 무게도 덧셈을 할 수 있지. 킬로그램은 킬로그램끼리, 그램은 그램끼리 더해야 하니까 38kg 557g이 되겠구나. 뭐 몸무게 재는 저울이 그렇게 정확하게 알려 줄지는 모르겠지만, 흐흐흐."

현욱이는 토마토 다섯 개를 잴 때까지 들키지

않았습니다. 그런데 이것저것 생각하다가 문제가 생겨 버렸습니다. 현욱이는 토마토 다섯 개를 다시 원래대로 해놓으려고 했습니다. 급한 마음에 비닐봉지를 통째로 잡고 토마토를 쏟아 놓았습니다. 그런데 토마토 두 개가 데구루루 굴러서 바닥으로 떨어져 버렸습니다. 현욱이는 어른들한테 혼날까 봐 얼른 토마토를 잡았습니다. 그런데 하나를 잡다가 나머지 하나를 그만 밟아 버렸습니다. 토마토가 퍽 터지면서 빨간 물이 흩어지고 주변 어른들이 알게 되었습니다.

'이제 나는 죽었다. 물어내라고 하면 어떡하지? 혼나면 어떡하지? 하나씩 놓을걸.'

현욱이는 울상을 지으며 발을 들고 어쩔 줄 몰라 했습니다. 그런데 그때 아주머니가 잽싸게 오셨습니다. 아주머니는 얼른 터진 토마토를 치우고, 바닥도 휴지로 닦으셨습니다. 야단도 치지 않으셨습니다. 현욱이는 얼른 다른 곳으로 갔습니다.

"와~ 정말 운이 좋았어."

현욱이는 멀리 떨어져 채소 판매대를 바라보며 안심했습니다. 그러고는 시식 코너로 가서 햄, 만두, 양념 고기, 음료

수까지 먹었습니다.
또 아이스크림을 사서 밖으로 나왔습니다.

"어? 내가 오래 있었나? 아닐 거야."

부리나케 학원으로 가 보니 다른 때와는 좀 달랐습니다. 현욱이가 학원에 가는 시간에는 학원 주위가 마치 아침에 학교 가는 길 같았습니다. 단지 아침에는 아이들이 시끄럽게 떠들고 장난도 치면서 가는데, 저녁에는 모두 조용히 걸어가기만 했습니다. 그런데 오늘은 아이들이 별로 없었습니다.

"늦었다. 시식만 하지 않았으면 되는 건데. 선생님이 엄마한테 전화하셨으면 어쩌지?"

현욱이는 서둘러 강의실로 올라갔습니다. 그런데 선생님과 딱 마주쳤습니다.

"현욱아, 왜 늦었어? 난 네가 안 오는 줄 알고 엄마한테 전화드렸어."

"슈퍼마켓에 다녀오느라고요. 이따 엄마한테 말씀 좀 잘 해주세요."

현욱이는 선생님에게 공손히 인사까지 했습니다.

'휴, 재미없는 공부 지겨운 공부, 언제나 하지 않을까?'

현욱이는 듣는 둥 마는 둥, 공부를 마치고 나왔습니다. 역시 오늘도 지현이를 만났습니다. 학원에서 지현이는 옆 반이었습니다.

"현욱아, 같이 가자."

"싫어, 나 따로 갈 거야. 아이들이 놀린단 말이야."

"야, 누가 놀려?"

"몰라, 애들이 유치원 때부터 놀렸어."

"피. 유치원 때는 네가 말하고 다녔잖아. 알았어. 그럼 혼자 가. 근데 아까 선생님이 너 왜 안 왔냐고 물으시더라."

"응, 슈퍼에서 뭐 사느라고."

"야, 너 또 시식 코너에 갔었지?"

"우리 엄마한테 네가 말 좀 잘 해주라. 우리 엄마는 화나면

나 종아리 때리신단 말이야. 우리 엄마는 네 말은 믿잖아."

"알았어, 알았어."

현욱이가 집에 도착하니 엄마가 와 계셨습니다.

"너, 오늘 학원에 왜 늦었니? 정말 학원에 가긴 간 거야?"

"엄마, 지현이한테 물어보세요. 정말이에요."

"그래, 오늘은 엄마가 지현이한테 확인을 해 봐야겠다. 지현이 엄마께 상의할 일도 있고."

현욱이는 눈치를 보며 아기처럼 엄마 뒤를 따라서 지현이네 집에 갔습니다. 지현이는 생글생글 웃으며 현욱이 편을 들어주었습니다. 또 지난번에 민우와 싸운 이야기나 학교에서 말썽 피우는 이야기는 하나도 하지 않았습니다. 엄마는 지현이 엄마와 이것저것 이야기를 나누셨습니다. 현욱이는 지현이 엄마의 말을 듣다가 새로운 사실을 알게 되었습니다.

"우리 지현이도 요즘에 짜증을 많이 내요. 글쎄, 자기 방에 들어오지 못하게 하고, 지난번에는 잔소리 좀 심하게 했더니, 소리까지 질렀다니까요."

'와! 지현이도 짜증을 내고 버릇없이 굴기도 하는구나.'

왠지 현욱이는 지현이도 자기와 같이 공부도 하기 싫을지 모른다는 생각을 했습니다. 씩씩하고 언제나 웃고, 성격도 좋은 지현이에게도 고민이 있을지도 모른다는 생각에 마음이 편해졌습니다. 이제는 엄마한테 종아리를 맞아도 웃으면서 맞을 수 있을 것 같았습니다.

그런데 그날 엄마는 학원에 늦었다고 야단을 치지도 않으시고 공부하기 힘들겠다고 위로까지 해주셨습니다. 내일은 해가 서쪽에서 뜰 판입니다. 아니면 저울의 눈금이 거꾸로 가려는 걸까요?

무게 재기는 재미있어

학교에서 눈금 저울로 무게를 공부했는데, 알게 된 것이 많았다. 나는 무게 단위는 그램만 있으면 된다고 생각했다. 킬로그램까지 읽으려니까 복잡했다. 그런데 아주 무거운 것을 잴 때 그램만 있으면 수가 커져서 더 읽기 어려울 것 같았다. 1kg은 1000g이다. 내 몸무게가 38.4kg이니까 그램으로 바꾸면 38400g이다. 몸무게가 많이 나가는 사람은 그램으로 하면 엄청나게 큰 수가 될 것이다.

학교가 끝나고 살림 마트에 들러 저울에 무게를 다는 실험을 해 보았다. 살림 마트에서는 숫자가 나타나는 전자저울로 무게를 잴 수 있었다. 숫자가 나오니까 눈금을 세어 보지 않아도 금방 알 수 있었다. 감자와 토마토를 쟀는데, 둘 다 한 개에 100g이 넘었다.

킬로그램보다 더 큰 무게 단위는 톤(t)이다. 1t은 1000kg이다. 어른 코끼리 무게는 3t쯤 된다고 한다.

혼합 계산 순서 알기

꼭 앞에서부터 해야 하는 거야?

"으, 공포의 식 만들기다. 답만 구하면 되지, 왜 꼭 식을 써야 하냐고요?"

현욱이는 수학 시간에 아예 책상 위에 엎드렸습니다.

$$34+23-18=?$$

혼합 계산식이라니? 그냥 문제에서 답을 구하면 구할 수 있겠는데, 왜 꼭 복잡하게 식을 만들어야 하는지 이해할 수가 없습니다. 더구나 이번에는 더하기 빼기 곱하기 나누기까지 모두 들어간 혼합 계산을 공부해야 합니다. 그리고 혼합 계산을 계산하는 순서까지 알아야 합니다.

현욱이는 생각하기 싫었습니다. 선생님이 설명해 주실 때는 멍하게 있다가, 아이들이 대답할 때는 이것저것 다른 생각을 했습니다. 그러다 보니 어느새 수학 시간이 끝나 버렸습니다. 수학 시간을 어떻게 보냈는지도 몰랐습니다.

모든 수업이 끝나자 현욱이는 빨리 집으로 돌아왔습니다. 그리고 컴퓨터 게임에 몰두했습니다. 그런데 게임에 지현이가 들어와 있었습니다. 현욱이는 딴생각으로 보낸 수학 시간이 마음에 걸렸습니다. 그래서 지현이에게 말을 걸었습니다.

"지현아~ 물건을 사면 값이 얼마고 거스름돈이 얼마인지 알면 되는데, 왜 꼭 식으로 만들어야 하니?"

"식으로 하면 복잡한 것을 간단히 정리할 수 있잖아."

"계산하는 순서를 꼭 알아야 해? 답만 구할 줄 알면 되잖아. 계산 순서도 꼭 알아야 하는 거야?"

"순서를 아는 것은 뭐 그리 큰 문제도 아니야."

"어째서? 너, 수학 잘한다고 잘난 척하는 거야?"

"아니야, 따라와 봐. 몇 번만 잘 보면 너도 알 수 있거든. 한 네 번만 보면 돼. 저기 저 피그 캐릭터를 봐 봐. 저 캐릭터가 가

지고 있는 경험치가 80이잖아. 그런데 달팽이를 무찔렀어. 그래서 20을 얻었어."

"그러면 경험치가 100으로 됐잖아."

"그렇지, 그런데 잘 봐, 피그 캐릭터가 다시 괴물한테 붙잡혀서 경험치를 30을 잃었어."

"그러면 70이 됐잖아. 봐, 이렇게 나도 계산할 줄은 알아. 얼마인지 알면 되지, 왜 식을 만드냐고?"

"네가 어렵게 생각해서 그런 거야. 피그 캐릭터가 처음에 가지고 있던 경험치는 80, 20을 얻었으니까 +20, 그리고 다시

30을 잃었으니까 -30, 차례대로 해 봐. 80+20-30=70이잖아. 봐, 간단하지? 아까 뭐부터 계산했어?"

"뭐? 그런 것을 나한테 물어보냐? 분명히 20을 먼저 얻었잖아. 그래서 +20을 먼저 했지."

"바로 그거야. 혼합 계산을 계산하는 순서는 계산할 때 과정 순서를 그대로 말하면 돼."

"그래, 그러면 더하기랑 빼기랑 섞여 있는 혼합 계산은 덧셈부터 하는 거잖아."

"그렇게 생각하기가 쉬워. 그런데 덧셈 뺄셈이 섞여 있는 혼합 계산식은 이렇게 덧셈이 앞에 있는 것이 아니라 뺄셈이 앞에 나와 있는 경우도 있거든. 한번 다시 돌아다녀 보자."

현욱이와 지현이는 아이들이 돌아다니는 컴퓨터 게임 속에서 채팅을 하며 함께 다녔습니다.

"이번에는 저기 몽키 캐릭터를 보자. 저것 좀 봐. 까불다가 경험치를 잃게 생겼어. 처음에 가지고 있는 경험치는 50인데. 봐, 괴물하고 부딪쳐서 금방 20을 잃었잖아."

"맞아, -20을 해서 30이 됐어."

"이제 분명히 정신을 차려서 조심할 거야. 그거 봐, 그래서 이번에는 애벌레를 무찔러서 30을 얻었어."

"그러면 +30을 하니까 60이 되었지. 나도 그런 계산은 잘한다고!"

"알았어. 알았다고. 그러면 이제 계산한 차례대로 써 보자. 50-20+30=60이야. 이것도 혼합 계산이잖아. 어느 것을 먼저 계산한 거니?"

"-20을 먼저 했지. 아까는 +20을 먼저 했잖아. 이랬다저랬다 하네, 뭐. 무슨 순서가 있는 게 아니잖아."

"아니야, 내가 두 가지 식을 다 써 볼게. 처음에 나온 식 80+20-30=70, 두 번째 나온 식 50-20+30=60에서 +20, -20을 먼저 했지? 봐, 같은 점이 있잖아. 잘 생각해 봐."

"알았어, 알았어. 앞이다, 앞! 그러니까 앞에서부터 계산하는 거다, 맞지?"

"그래, 맞아. 그러니까 덧셈 뺄셈이 섞여 있는 혼합 계산은 앞에서부터 계산한다는 말이야."

"와, 이렇게 쉬운데 아까 수학 시간에는 왜 하나도 몰랐을까? 생각하기도 싫더라고."

"피. 네가 생각하지 않았기 때문이야. 지금은 게임처럼 네가 좋아하는 거여서 잘되나 보지, 뭐."

"알았어. 그럼, 잠깐 나 나가서 좀 생각해 보고 올게."

현욱이는 게임 밖으로 나와서 종이에 맘대로 이것저것 혼합 계산식을 만들고, 계산 순서를 확인해 보기로 했습니다.

"언제나 지현이가 맞는 건 아닐 거야. 꼭 앞에서부터 계산하지 않는 경우가 있을지도 몰라."

현욱이는 지현이가 가르쳐 준 것은 고마웠지만 틀린 것을 기필코 찾고 싶었습니다.

"내가 딱지치기를 하는데 30장이 있었어. 그런데 다섯 장을 땄어. 그러면 35장, 그런데 또 딱지치기를 하다가 이번에는 여덟 장을 잃었어. 그러면 27장. 30+5-8=27. 다섯 장 딴 것을 먼저 계산했으니까 그러면 앞에서부터 계산하는 거 맞네."

현욱이는 조금 실망했습니다.

"정말 지현이 말처럼 혼합 계산식은 모두 앞에서부터 계산

하는 것이 맞나 봐. 딱 한 번이라도 지현이가 틀린 것을 봐야 하는데…….'

현욱이는 다시 한 번 해 보기로 했습니다.

"좋아, 이번에는 내가 제일 자신 있는 거로 할까? 슈퍼에서 물건을 사는 것으로 해 봐야지. 물건을 여러 개 사고, 거스름돈을 받으면 덧셈도 있고, 뺄셈도 있잖아. 좋았어! 만약 내가 2000원을 가지고 가서 아이스크림 700원짜리, 음료수 500원짜리를 샀어. 그럼, 거스름돈은 800원을 받지. 그렇다면 식을 만들어 봐야지. 음, 2000원에서 700+500을 빼니까 2000-700+500을 하는 거야. 그러면 앞에서부터 계산을 하라니까 2000에서 700을 빼면 1300, 그리고 500을 더하니까 1800! 안 된다. 거스름돈은 800이 나와야 하는데, 앞에서부터 계산하면 1800이 나온다. 또 안 된다. 분명히 안 된다. 그러니까 이거는 700+500을 하고 2000에서 빼야 해. 그러니까 뒤에서부터 계산해야 하는 거야. 혼합 계산을 꼭 앞에서부터 계산하는 것이 아니라고!"

현욱이는 벌떡 일어나서 현관문을

열고 나왔습니다. 엘리베이터를 기다리지 않고 단숨에 9층까지 뛰어 내려왔습니다.

"지현아, 지현아!"

"야, 갑자기 게임에서 나가더니 너, 무슨 일이야?"

"아까 네가 말한 거 있지? 혼합 계산식 말이야. 그거 안 되는 거 있어. 내가 다 해 봤어. 그런데 더하기랑 빼기랑 섞여 있는 혼합 계산 중에 앞에서부터 계산하면 안 되는 거 있어."

"야, 그게 무슨 말이야. 천천히 말해 봐."

"내가 2000원을 가지고 가서 700원짜리 아이스크림하고, 500원짜리 음료수를 샀거든. 그러면 거스름돈은 800원을 받아야 하잖아. 그런데 앞에서부터 계산하면 1800원이 나와."

"다시 말해 봐. 어떤 식을 만들었는데?"

"2000원에서 700+500을 빼야 하잖아. 그러니까 2000-700+500을 했지. 그래서 앞에서부터 계산하니까 1300이

나오는데 500을 더하니까 1800이 되잖아. 그런데 거스름돈은 1800이 아니야. 800이야. 봐, 안 되잖아."

"아~ 이거. 네가 아까 말도 안 하고 나가 버렸잖아. 내가 이것도 이야기하려고 했는데."

"뭐? 그럼, 너는 이거 알고 있었어?"

"아니, 혼합 계산에서 더하기와 빼기가 있을 때는 앞에서부터 하는 거야. 하지만 어떤 경우에는 꼭 더하기를 먼저 하거나, 꼭 빼기를 먼저 해야 하는 경우가 있어. 그럴 때는 표시를 해주면 돼."

"무슨 표시?"

"응, 괄호로 표시하는 거야. 네가 만든 식은 그러니까 2000-700+500이 아니라 2000-(700+500)이야. 그래서 괄호 안을 먼저 계산하면 1200이고, 2000에서 1200을 빼면 800이 되지."

"뭐야? 그럼, 꼭 앞에서부터 계산하는 것이 아니란 말이야?"

"그게 아니라 덧셈과 뺄셈이 섞여 있을 때 앞에서부터 계산하는 것이 맞아. 그런데 꼭 덧셈이나 뺄셈을 먼저 해야 하는 경우가 생기면 괄호로 표시를 한다고."

"그럼 괄호가 있으면 언제나 괄호를 먼저 계산하는 거네?"

"그렇지! 그리고 나중에 우리가 좀 더 커서 중학교에 가면 어느 것이나 먼저 계산할 수 있는 방법도 배운다고 하더라."

"으, 졌다."

"지긴 뭐가 져?"

"아니야, 나 간다."

"쟤는 만날 자기 맘대로 왔다 갔다 해."

현욱이는 내려올 때와는 반대로 기가 죽어서 천천히 올라갔습니다.

"현욱아, 어디 갔다 오니?"

"아, 엄마. 벌써 오셨어요?"

"벌써가 뭐야? 저녁이 다 됐는데. 어디 아프니?"

"아니에요. 엄마, 그런데 여자애들은 다 수학을 잘해요?"

"그게 무슨 말이야? 지현이 말이니?"

"아니요, 그냥요."

"지현이한테 직접 물어봐? 아니, 지현이는 왜 만날 우리 아들 기를 이렇게 꺾지! 지현이를 좀 혼내야겠는데."

"놀리지 마세요."

현욱이는 제 방으로 들어가 다시 게임 속으로 들어갔습니다. 그런데 지현이에게서 쪽지가 와 있었습니다.

'현욱아, 너 수학 잘하던데 왜 약한 척하니? 야, 기죽지 말고 성격대로 해라. 다음에 또 이 누나 약 올리지 말고. 수학이 인생의 전부는 아니야. 네가 잘하는 딱지치기의 제왕이 되면 되니까. 힘내라 힘! 내일 만나자.'

현욱이는 지현이의 쪽지를 보고 픽 웃고 말았습니다.

꼭 앞에서부터 하는 거야?

인터넷 게임을 하다 지현이가 혼합 계산식에 대해 가르쳐 주었다. 나는 지현이를 이겨 보려고 틀린 것을 찾았는데 결국은 내가 잘못한 거였다. 지현이는 내가 모른 것을 쉽게 잘 설명해 준다. 나도 지현이처럼 아이들에게 수학을 설명해 주는 날이 올까?

덧셈 뺄셈 곱셈 나눗셈이 섞인 두 가지 이상 식을 혼합 계산식이라고 한다. 혼합 계산은 기호가 섞여 있어서 계산 순서를 꼭 알아야 한다.

덧셈과 뺄셈이 섞여 있을 때는 앞에서부터 계산한다. 곱셈과 나눗셈이 섞여 있을 때도 앞에서부터 계산한다. 덧셈 뺄셈과 곱셈 나눗셈이 섞여 있을 때는 곱셈과 나눗셈을 먼저 하고 차례대로 계산한다. 꼭 먼저 계산을 해야 하는 셈이 있을 때는 괄호로 표시를 해준다. 그러면 괄호 안의 계산은 무조건 먼저 계산해야 한다.

혼합 계산식도 차례차례 방법을 생각하면서 계산하니까 쉽게 할 수 있었다.

분수의 덧셈과 뺄셈

선생님의 깊은 뜻을 알았어

"현욱아, 이리 와. 같이 빵 먹자. 우리 엄마가 샌드위치 해 주셨어."

태윤이가 현욱이를 불렀습니다.

"와~ 맛있겠다. 먹자."

"야, 나도 줘."

"나도!" 남자아이들이 모두 몰려들었습니다. 남자아이들은 웃으며 태윤이가 준 샌드위치 반 조각을 들고 여자아이들을 약 올리기 시작했습니다.

"맛있겠지?"

드디어 현주가 나섰습니다.

"그래, 치사하게 너희만 먹냐? 우리 반 목표도 모르냐?"
칠판 옆에는 현욱이네 반의 목표가 쓰여 있었습니다.

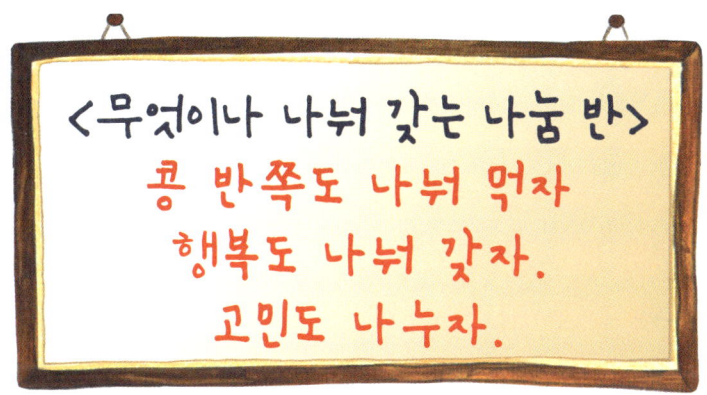

<무엇이나 나눠 갖는 나눔 반>
콩 반쪽도 나눠 먹자
행복도 나눠 갖자.
고민도 나누자.

"너희는 언제 우리 나눠 주었냐? 우리는 지금 나눠 먹고 있잖아. 남자끼리~ 히히히. 그치?"

"그럼. 봐라, 우리 나눠 먹는 거. 한입 먹어 태윤아, 아~."

"이것들이 정말? 야! 이제 줘도 안 먹는다. 그까짓 빵 한 개 가지고."

흥분한 현주가 손을 뻗쳐서 가리킨다는 것이 잘못해서 태윤이의 손을 쳐 버렸습니다. 태윤이가 들고 있던 샌드위치는 바닥으로 떨어졌습니다.

"너, 빵 안 줬다고 먹는 것을 떨어뜨려? 이게 정말?"

태윤이는 현주 책상 위에 있던 공책과 책을 바닥으로 쓸어

버렸습니다.

"너 정말? 내가 일부러 그런 거 아니잖아! 두고 봐, 나는 못 할 줄 알아?"

현주도 태윤이의 책, 공책, 심지어 가방까지 들어서 내동댕이쳤습니다. 구경하는 남자아이들은 끼리끼리, 여자아이들도 끼리끼리 싸움을 말릴 생각은 하지 않고, 서로가 나쁘다고 소리 질렀습니다. 지현이가 선생님이 오실까 봐 걱정하며 싸움을 말렸습니다.

"야, 이제 자리에 앉아. 선생님 오실 때 다 됐어."

아니나 다를까 교실 정리를 채 하기도 전에 선생님이 들어

오셨습니다. 선생님은 어떻게 된 일인지 이야기를 다 들으셨습니다.

"잠깐, 조용히 기다리고 있어라."

차분하게 말씀을 마치시고 선생님은 교실을 나가셨습니다. 그런데 잠시 후 선생님은 얇은 식빵을 두 봉지 가지고 들어오셨습니다.

"지금부터 선생님이 식빵을 한 개씩 나눠 줄 거다. 그러면 너희는 식빵 한 개를 우리 반 아이들 수만큼 나누는 거다. 꼭 32개로 나누는데 같은 크기로 나눠야 해. 나눈 사람은 나눈 조각을 하나씩 우리 반 친구 모두에게 차례로 갖다주거라. 한 명씩 갖다줄 때마다 종이에 친구의 이름을 쓰거라. 빵을 나눌 때는 친구에게 미안한 마음도 함께 주거라."

아이들은 조용히 빵을 조각내기 시작했습니다. 얇은 식빵 한 개를 32조각으로 똑같이 나누는 것은 어려웠습니다.

119

가로로 자르고 세로로 자르고 또 잘라서 겨우 32조각으로 만들었습니다. 계속 자르다 보니 재미도 있었습니다. 그러나 선생님한테 혼날까 봐 재미있다는 소리도 낼 수 없었습니다. 현욱이는 이 생각 저 생각을 하면서 식빵을 나눴습니다.

'식빵 한 개가 32개로 나눠지다니. 대단하다, 대단해. 이거 입에 들어가면 그냥 녹아서 없어지겠다. 너무 작아서.'

친구들에게 한 조각씩 나눠 주는 것도 재미있었습니다. 현욱이는 남자아이들에게 먼저 주려다가 그냥 앞에 앉은 대로 나눠 주기로 했습니다.

'한 개를 32개로 잘랐으니, 한 사람에게 식빵을 $\frac{1}{32}$씩 나눠 주는 셈이네.'

혼자서 이 생각 저 생각을 하던 현욱이는 태윤이에게 먼저 말을 걸었습니다.

"태윤아, 한 사람이 $\frac{1}{32}$씩 먹는 셈이야."

"아니지. 한 사람이 $\frac{1}{32}$씩 나눠 주지만, 우리 반 아이들이 32명이니까 32번 갖다주는 거야. 그러니까 $\frac{1}{32}$, $\frac{1}{32}$, $\frac{1}{32}$ 또 $\frac{1}{32}$ 이렇게 하면 $\frac{32}{32}$씩 먹는 셈이야."

"어? 그러면 $\frac{32}{32}$면 식빵 한 개잖아. 와~ 그냥 하나를 먹어도 되는데 $\frac{32}{32}$로 먹으면 엄청 많이 먹는 거 같아. 우리 선생님 머리는 알아줘야 해. 나눠 먹는 것이 더 좋다는 거 아니야? 똑같이 한 개를 먹는데 한 개를 그냥 먹는 것보다 $\frac{32}{32}$로 먹으면 많이 먹는 것 같으니까 말이야."

"맞아, 우리 선생님 은근히 머리가 좋아."

"근데 태윤아, 분수도 더하기를 할 수 있나 봐."

"어째서?"

"두 사람이 나한테 갖다주었다고 생각해 봐. $\frac{1}{32}$하고, $\frac{1}{32}$을 갖다준 거잖아. 그러면 $\frac{1}{32}$이 두 개니까 $\frac{2}{32}$가 되지. 더하기로 하면 $\frac{1}{32} + \frac{1}{32} = \frac{2}{32}$가 되는 거잖아. 맞지, 맞지? 분수도 더하기를 할 수 있는 거지?"

"그런 거 같아. 뭐든지 더하기는 다 되는 건가 봐."

$$\frac{1}{32} + \frac{1}{32} = \frac{2}{32}$$

"그럼, 빼기도 되는지 해 보자. 내가 $\frac{1}{32}$조각을 다섯 개 가지고 있어. 그러면 $\frac{5}{32}$야. 그런데 너한테 $\frac{3}{32}$을 줄게. 자, $\frac{1}{32}$짜리 세 조각을 준다. 그러면 $\frac{1}{32}$짜리 두 조각이 남아. 분수로는 $\frac{2}{32}$가 되는 거지. 빼기를 하면 $\frac{5}{32} - \frac{3}{32} = \frac{2}{32}$야. 어때? 빼기도 되지? 봤지?"

$$\frac{5}{32} - \frac{3}{32} = \frac{2}{32}$$

"응, 맞아. 그런데 어떻게 해서 분수도 더하기와 빼기가 되는 거냐? 이상하다."

"글쎄, 지금부터 나는 그것을 생각해 보겠다는 말씀!"

"야, 너 빨리 아이들 나눠 주고 이름 써야지. 이따 선생님께 혼나면 어떡할래?"

"아니야, 난 벌써 선생님이 왜 시키셨는지 다 알아. 친구랑은 무조건 나누는 것이 더 좋다는 거야. 그러니까 내가 하고 싶은 거 해도 돼."

"난 모른다. 이따 선생님한테 혼나도 몰라. 난 이제 현주한테 갖다줄 거야."

태윤이는 $\frac{1}{32}$짜리 빵을 들고 실실대며 현주한테 갔습니다.

'2+3=5처럼 분수도 더하기를 할 수 있는 까닭이 뭘까? 또 5-4=1처럼 분수도 빼기를 할 수 있는 까닭이 뭘까? 내가 오늘 이것을 찾고야 말겠다. 찾으면 지현이한테 말해 줘야지. 수학을 잘하는 지현이가 나를 대단하게 생각하는 그날까지 나는 앞으로! 히히히.'

현욱이는 다시 혼자서 빵조각들을 이리 옮기고 저리 옮기며 생각했습니다. 현욱이는 식빵 한 개를 32조각으로 나눈 것 중에 한 개를 들고 중얼거렸습니다.

"그러니까 $\frac{1}{32}$은 한 조각, $\frac{2}{32}$는 $\frac{1}{32}$이 두 조각, $\frac{3}{32}$은 $\frac{1}{32}$이 세 조각이라…… 뭐야, 사탕을 세는 거나, 분수를 세는 거나 우리가 물건을 세는 것이나 똑같잖아. 그러니까 분수도 더하

기나 빼기를 할 수 있는 거구나. 그렇다면 분수도 곱하기나 나누기를 할 수 있을지도 몰라. 와~ 대단하다. 난 참, 대단하다니까."

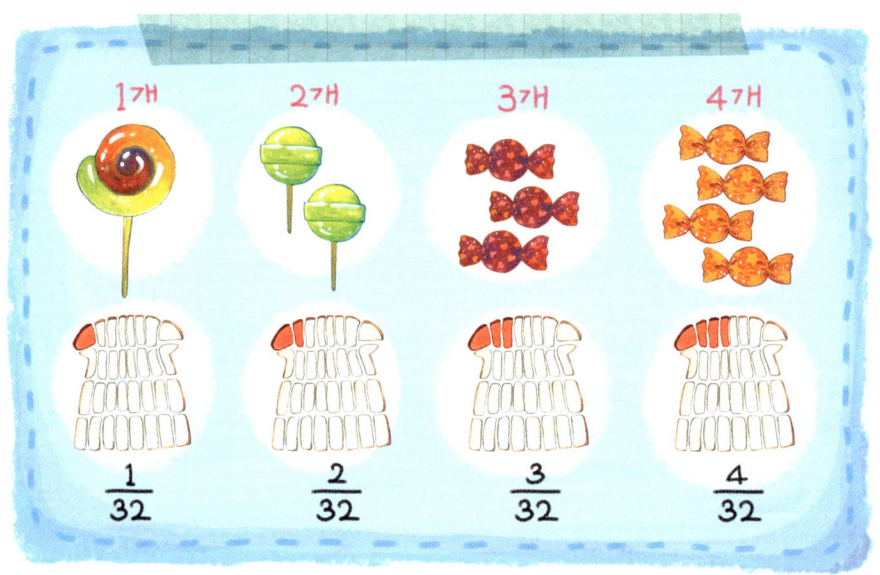

현욱이는 분수의 계산을 알아낸 자신이 무척 자랑스러웠습니다.

"현욱아, 친구들한테 다 나눠 줬니?"

"네, 선생님. 아니요. 금방 나눠 줄 수 있어요."

현욱이는 하루 종일 기분이 좋았습니다. 평소 싫었던 수학이 오늘은 아주 쉬웠거든요.

  현욱이는 집에 돌아와서도 즐겁기만 했습니다. 저녁에는 엄마가 부추를 넣고 부침개를 해주셨습니다. 언제나 그랬던 것처럼 지현이네 집에 부침개를 갖다주고 오라고 하셨습니다.

"지현아, 지현아!"

  현욱이는 지현이네 초인종을 누르고는 마음이 급해서 지현이를 불렀습니다.

"우리 엄마가 부침개 하셨어. 먹어. 야, 그런데 분수도 더하기랑 빼기 할 수 있는 거 너 알아?"

"응."

"정말 알아?"

"그럼, 보통 더하기랑 똑같아. 분모는 변하지 않지만, 분자를 자연수처럼 더하면 돼."

"너, 어떻게 알았어?"

"야, 그것도 모르냐? 그건 기본이야. 분수의 기본!"

"어? 이상하다, 나는 한참 생각해서 알았는데……."

"잘했어. 그렇게 자꾸 생각하다 보면 현욱이 너도 수학을 잘하게 될걸."

"분수도 곱하기랑 나누기도 할 수 있어. 그리고 분모가 다른 분수도 더할 수 있어."

현욱이는 지현이가 칭찬을 해주자, 자기도 모르게 잠깐 궁금하게 여겼던 생각을 다 아는 것처럼 말하고 말았습니다. 지현이는 정말 대단하다는 표정을 지었습니다.

"어? 그래? 난 아직 잘 모르는데. 분수의 곱셈은 어떻게 하는 건데? 분모가 다른 분수 덧셈은 어떻게 하는 건데?"

"음……. 그건 지금 바쁘니까 나중에, 나중에 말해 줄게. 나, 간다."

"현욱아, 그릇 갖고 가. 우리 엄마가 그릇은 즉시 돌려주라고 했어!"

현욱이는 지현이가 잡을까 봐 계단으로 부리나케 올라갔습니다.

"휴, 큰일 날 뻔했다. 그런데 내 생각이 맞기는 맞겠지? 분수 세는 거나, 물건 세는 거나 똑같으니까, 곱하기나 나누기를 못 할 것은 없지 뭐. 분명히 할 수 있을 거야. 오늘은 정말 운이 좋은 날이야. 유휴!"

선생님의 깊은 뜻을 알았어

　선생님이 식빵 한 개를 32조각으로 똑같이 나눠 아이들에게 한 조각씩 나눠 주라고 했다. 즉 $\frac{1}{32}$씩 나눠 주라고 하신 것이다. 나는 식빵을 나누면서 분수도 더하기나 빼기를 할 수 있다는 것을 알았다. $\frac{2}{32}+\frac{3}{32}=\frac{5}{32}$가 되고, $\frac{8}{32}-\frac{6}{32}=\frac{2}{32}$가 된다. 분수의 더하기나 빼기는 분모는 변하지 않고, 분자끼리 빼거나 더하면 된다. 나는 분수가 더하거나 뺄 수 있는 이유에 대해 생각해 보았다. 물건을 하나 둘 셀 수 있는 것처럼, 분수도 $\frac{1}{32}$이 하나, $\frac{1}{32}$이 둘, 셋, 넷, 다섯 하면서 셀 수 있다. 그래서 더하기나 빼기를 할 수 있다.

　저녁에 지현이에게 내가 발견한 것을 말해 주었다. 나는 내가 자랑스러웠다. 얼떨결에 지현이한테 분수는 더하기나 빼기뿐 아니라 곱하기나 나누기도 할 수 있다고 큰소리쳤다.

　애고, 분수도 곱하기나 나누기를 할 수 있는 것이라면 정말 좋겠는데…….

두 수를 비교해서 분수로 나타내기
학종이 따먹기의 신

"야호, 학종이가 넘어갔다."

"안 돼. 내 아까운 학종이들!"

현욱이네 반은 다시 학종이 따먹기 바람이 불었습니다. 1학기에도 한 번 학종이 따먹기 바람이 분 적이 있습니다. 그때 아이들은 수업이 모두 끝나도 집에 가지 않고 복도 문 앞에 앉아서 학종이 따먹기를 하곤 했습니다. 현욱이도 학종이 따먹기를 하느라 학원에 늦을 뻔한 적이 있습니다.

작은 정사각형으로 된 학종이를 다섯 장씩 내서 모아 놓고 손바닥을 쳐서 바람을 일으킨 후 학종이가 넘어가면 마음이 후련해집니다. 기분도 정말 좋습니다. 그러나 학종이가 넘

야호, 학종이가 넘어갔다.

어가지 않으면 참 아쉬운 마음이 듭니다.

종선이는 학종이를 얼마나 많이 땄는지 비닐봉지에 학종이가 가득했습니다.

"애들아, 선물이다~."

종선이는 기분이 좋으면 학종이를 뿌리고 아이들에게 가져가게 했습니다. 아이들은 위에서 내리는 학종이를 잡으려고 교실 여기저기를 뛰어다녔습니다.

그런데 2학기에는 민규가 학종이 따먹기 왕이 되었습니다.

"학종이 왕! 나랑 한판 어때?"

"나한테 도전하겠다고? 으하하."

현욱이는 민규와 복도 문 앞에 앉아 학종이 따먹기를 했습니다. 처음에 현욱이는 손뼉을 칠 때마다 학종이가 홀라당 넘어가서 기분이 좋았습니다. 그런데 시간이 지날수록 이상하게 민규가 손바닥을 치면 학종이가 열 장씩 한꺼번에 뒤집어졌습니다.

현욱이가 하면 겨우 몇 장만 뒤집어졌습니다. 자꾸 손바닥에 땀이 나서 바지에 땀을 닦아도 바람은 크게 일지 않았습니다. 거기에다 현욱이는 번번이 가위바위보에 지기만 했습니다.

"나 이제 학종이 없어. 다 잃었어."

현욱이는 가방을 메고 일어섰습니다. 왠지 섭섭한 마음이 들어서 민규와 말하기도 싫었습니다. 민규가 뒤따라오든 말든 그냥 터덜터덜 걸어서 교문을 나왔습니다.

'괜히 민규하고 했어. 진수하고 했으면 학종이 딸 수 있었을 텐데.'

현욱이는 집에 도착해서도 학종이 따먹기 생각이 났습니다.

"지현이한테 학종이 따먹기 하자고 할까?"

현욱이는 문방구에서 학종이 한 상자를 사서 지현이네 집으로 갔습니다. 지현이는 마침 집에 있었습니다.

"지현아, 나랑 학종이 따먹기 하자."

"응? 나 학종이 없어."

"내가 빌려줄게. 하자."

"나, 학종이 따먹기 잘 못하는데……."

"괜찮아, 내가 가르쳐 줄게."

"알았어, 들어와."

"이 학종이는 모두 100장이야. 나는 열 장을 가지고 할게. 너는 90장을 가지고 해."

"뭐? 나는 90장, 너는 열 장?"

"나는 잘하니까 괜찮아."

"피, 잘난 척하기는. 그래도 그렇지! 내가 가진 것의 $\frac{1}{9}$만 가지고 한다고?"

"$\frac{1}{9}$?"

"그래, $\frac{1}{9}$! 10은 90을 아홉 개로 나눈 것 중의 1, 즉 $\frac{1}{9}$이잖아."

"알았어. 그래도 내가 이기면 되잖아."

현욱이는 지현이의 학종이를 다 딸 줄 알았습니다. 지현이는 학종이 따먹기 구경은 해도 한 번도 직접 한 적은 없었습니다. 그런데 첫 가위바위보부터 지현이가 이겼습니다. 먼저 지현이가 손뼉을 치고 바람을 날렸는데 한 번에 12장이 뒤집어졌습니다. 운이 없게도 현욱이가 했을 때는 세 장만 뒤집어졌습니다. 물론 다음번 지현이의 손바람에 다섯 장이 모두 뒤집어졌습니다. 또 세 장씩 내서 여섯 장 따먹기를 할 때 지현이는 한 번에 여섯 장을 넘겨 버렸습니다. 지현이는 의기양양했습니다.

"야, 내가 너의 $\frac{1}{9}$을 가지고 하는 게 낫겠다."

"아니야, 내 손에 땀이 나서 그래. 이번에는 내가 50장, 네가 50장 가지고 하자."

그러나 이번에도 지현이가 모두 따 버렸습니다.

"현욱아, 이번에는 내가 40장, 네가 60장을 갖고 해. 나는 너의 $\frac{2}{3}$만 가지고 할게."

"네가 나의 $\frac{2}{3}$?"

"응, 40은 60의 $\frac{2}{3}$야. 봐."

"잘 모르겠어."

"60과 40을 비교해 봐. 전체 60을 똑같이 세 부분으로 나눈 것 중의 두 부분이 되니까 $\frac{2}{3}$잖아."

"그러니까 40은 60의 $\frac{2}{3}$란 말이지. 네가 나의 $\frac{2}{3}$만 가지고 한단 말이지?"

현욱이는 이번만큼은 이길 줄 알았습니다. 그러나 몇 번을 하고 나니 학종이는 모두 지현이의 손에 들어가게 되었습니다.

"현욱아. 이번에는 네가 70장, 내가 30장을 가질게."

"너는 내가 가진 수의 $\frac{3}{7}$을 갖고 한단 말이지?"

"맞았어!"

"알았어. 너는 30, 나는 70. 30은 70의 $\frac{3}{7}$."

그렇지만 또 지현이가 학종이를 모두 따 버렸습니다.

"현욱아, 또 할래? 이번에는 네가 80장을 갖고 해. 내가 20장을 가질게."

"뭐? 겨우 20장 가지고 한다고! 그러니까 내가 가진 수의 $\frac{1}{4}$을 가지고 따먹기를 한다는 말이야?"

"응, 내가 너의 $\frac{1}{4}$을 가지고도 이길걸."

역시 지현이는 또 학종이를 모두 따 버렸습니다.

"지현아, 너 학종이 따먹기의 신이다. 넌 정말 위대해. 그래도 마지막 도전을 해 봐야지. 내가 90장, 너는 10장 가지고 해 보자."

"흠, 이제 나보고 네가 가진 수의 $\frac{1}{9}$만으로 따먹기를 하잔 말이지? 좋아, 하자!"

마지막으로 지현이는 열 장, 현욱이는 90장을 가지고 학종이 따먹기를 했습니다. 지현이는 열 장에서 시작해서 17장

마지막 도전을 할테다!

을 따더니, 금방 30장을 넘기고, 결국 현욱이의 학종이 90장을 모두 따 버렸습니다. 지현이의 손바람은 살며시 불면서도 힘이 있어서 가볍게 학종이를 넘겼습니다. 현욱이는 그 날 지현이에게 완전히 졌습니다.

깨갱!

학종이 따먹기의 신

오늘 지현이와 내가 가진 학종이 수를 비교하면서 학종이 따먹기를 했다. 계속 내가 지기는 했지만 학종이 따먹기는 재미있었다.

내가 80장, 지현이가 20장을 가지고 하면 지현이는 내가 가진 수의 $\frac{1}{4}$을 가진 것이다. 20은 80을 똑같이 네 부분으로 나눈 것 중의 한 부분이기 때문이다. 지현이는 내가 가진 수의 $\frac{1}{4}$만 가지고 이겼다.

마지막에 지현이가 90장, 내가 10장을 가지고 따먹기 했을 때도 지현이가 이겼다. 내가 가진 수의 $\frac{1}{9}$만 가지고도 나를 이겼다.

20은 80의 $\frac{1}{4}$, 30은 70의 $\frac{3}{7}$, 40은 60의 $\frac{2}{3}$, 이렇게 두 수를 비교하면서 따먹기를 하다 보니까 분수에 대해 새로운 점을 알게 되었다.

분수는 부분을 나타낼 때 쓰는 수이지만 두 수의 크기를 비교할 때도 쓰인다.

어림하기
방학하는 날까지

"야, 신난다, 방학이다! 현욱아 게임하자."

신이 난 종선이가 큰 소리로 현욱이를 불렀습니다.

"나도 같이하자. 누구네 집에서 할 거야? 네 집에서?"

민규가 종선이 어깨에 손을 올리며 현욱이 얼굴을 쳐다보았습니다.

"아니, 나 오늘은 안 돼."

"왜? 방학이 50일이나 되는데. 시간도 많아. 놀자."

"뭐? 50일? 진짜야?"

현욱이가 눈이 동그래져서 물었습니다.

"올림하면 50일이라는 말이야. 진짜는 43일이야."

"그럴 땐 올림하면 안 돼. 반올림하는 거야. 40일쯤이라고 해야 해."

"현욱이 네가 언제부터 수학을 잘했다고 그러냐? 그냥 50일이라고 해도 돼."

민규가 현욱이의 어깨를 치며 말했습니다.

"아니야, 40일이 맞아."

현욱이도 민규의 어깨를 쳤습니다.

"50일이라고 해도 되거든."

민규는 현욱이의 등을 다시 세게 치며 말했습니다.

현욱이가 얼굴을 찡그리며 민규를 때리려고 하자 민규는 얼른 운동장 가운데로 도망가며 현욱이에게 약을 올렸습니다.

"수학도 못하면서. 야! 50일이야."

"그럼, 너는 몸무게 50.3kg이니까 올림하면 몸무게 100kg 이다. 야, 100kg짜리 뚱보, 뚱뚱보! 어떻게 걸어 다니냐? 잡아 봐라. 메롱~."

"이게?"

이번에는 민규가 화가 나서 현욱이를 쫓아갔습니다. 현욱이는 운동장의 나무 사이로 이리저리 도망 다녔습니다. 민규도 현욱이 뒤를 계속 쫓아다녔습니다. 현욱이가 숨이 차서 잠시 멈춘 사이 민규가 현욱이를 붙잡고 주먹으로 가슴을 쳤습니다. 현욱이도 민규의 등과 배를 때렸습니다. 민규와 현욱이는 서로 한쪽 팔을 붙잡고 번갈아 가며 때리며 싸웠습니다.

　그때 종선이가 달려왔습니다. 종선이는 둘 사이에서 이쪽저쪽을 쳐다보며 싸우지 말라고 팔을 위아래로 휘저었습니다.

　어느새 아이들이 몰려와서 민규와 현욱이 주위를 빙 둘러쌌습니다.

　민규와 현욱이는 화가 나서 서로 노려봤습니다.

　"현욱아, 싸우지 마. 얼른 집에 가."

　아이들 틈에서 지현이가 나왔습니다. 지현이는 현욱이의 가방끈을 붙잡고 교문 쪽으로 끌고 갔습니다.

　현욱이는 마지못해 끌려갔습니다.

교문 밖을 나서자 현욱이는 먼저 걸어갔습니다. 지현이는 현욱이 뒤에서 여자아이들과 수다를 떨며 걸어왔습니다.

아파트 엘리베이터에서 현욱이는 지현이를 기다리지 않고 먼저 11층을 누르고 올라갔습니다. 현욱이는 생각할수록 억울해서 화가 풀리지 않았습니다.

'민규 자식, 두고 보자. 자기도 수학을 잘 못하면서 나한테 수학을 못한다고 했지? 나도 꼭 창피를 주고 말 테다.'

현욱이는 부글부글 끓어오르는 화를 가라앉히려고 물을 마셨습니다. 그때 인터폰이 울렸습니다. 보나 마나 지현이일 것입니다.

"현욱아, 할머니께서 급식 못 먹었다고 내려와서 밥 먹으라고 하셔. 얼른 내려와."

분명히 지현이는 현욱이가 민규와 싸운 이야기를 할머니에게 말씀드렸을 것입니다. 그리고 할머니는 밥을 먹으면 화가 풀린다고 하셨을 것입니다.

현욱이는 지현이 할머니가 차려 주신 점심을 먹었습니다. 신기하게도 밥을 먹고 나니 화가 풀렸습니다.

"지현아, 방학이 43일이면 40일쯤이라고 해야 하지? 올림

해서 50일쯤이라고 하면 안 되지?"

"응, 왜?"

"민규가 나보고 수학을 못한다면서 50일이라고 해도 된다는 거야. 멍청하게 올림을 아무 때나 쓰고 있어."

현욱이가 투덜댔습니다.

"올림은 어떤 때 쓰는 건데?"

지현이는 현욱이가 올림을 진짜 알고 있는지 궁금했습니다.

"예를 들면 풀이 34개가 필요한데, 도매상에서는 열 개 단

열 개 단위로 판다면 34개가 필요해도 40개를 사야지.

올림은 어떤 때 쓰는 건데?

위로밖에 팔지 않는다면 40개를 사야지. 이럴 때 올림이 필요한 거지. 41개가 필요하다고 해도 50개를 살 수밖에 없어."

"100개 단위로 판다면 34개가 필요해도 100개를 사야 하고, 328개가 필요해도 400개를 사야 해."

지현이는 현욱이의 수학 실력이 놀라웠습니다.

"맞아, 철사를 1m 단위로 판다면 1m 67cm가 필요해도 2m를 사야 하고 428cm가 필요해도 500cm를 사야 해. 이런 게 올림이지. 자기 맘대로 편하다고 43일을 50일쯤이라고 말하냐? 바보 자식."

"그럼, 방학 기간이 43일이면 버림을 한 거니? 그래서 40일이 된 거야?"

"아니, 반올림이야. 만약 방학 기간이 45일이면 50일쯤이라고 해도 돼."

"현욱이 너, 제법인데. 내가 너 알고 있는지 물어본 거야. 반올림은 어림 중에서 가장 많이 쓰는 방법이야."

"학생 수를 대강 말할 때도, 저축한 돈이 얼마인지 대강 말할 때도, 키가 얼마인지 대강 말할 때도 사람들은 반올림을 사용해."

"그럼, 너 버림은 해 봤어?"

지현이가 눈을 동그랗게 뜨고 물었습니다.

"그럼, 이 몸이 누구신데. 이번 달 우리 집 전기 요금이 4만 5778원이 나왔는데 4만 5770원만 받더라. 통신 요금이나 수도 요금에서도 버림을 많이 쓰는 것 같던데. 물건을 사고 거

스름돈을 받을 때도 물건값을 버림으로 받는 주인이 있었어. 5610원인데 5600원만 받더라고."

"물건을 100개씩 한 상자에 포장할 때, 459개가 있어도 400개밖에 포장할 수가 없겠지. 이런 것도 버림이라고 할 수 있겠네."

"응, 지현아. 나 이제 수학이 좋아. 수카드 0, 1, 2, 3, 4, 5, 6, 7, 8, 9를 가지고 매일 뒤적거리며 놀았더니 어느새 수가 쉽게 되더라."

"그럼, 학원에서 성적표는 잘 받았겠네."

"아니, 별로. 매우 잘함이 여섯 개, 잘함이 다섯 개, 보통이 14개, 노력요함이 다섯 개야. 엄마한테는 매우 잘함은 열 개, 잘함도 열 개, 보통도 열 개쯤이고, 노력요함은 없다고 해야지. 어림하기를 적당히 이용해야지."

"야, 네 맘대로 아무 때나 반올림, 올림, 버림을 쓰면 어떡해? 그건 거짓말이야."

"장난이야, 장난! 우리 엄마는 직접 보시기 전에 내 말 믿지 않으셔."

지현이가 손바닥으로 현욱이의 등을 퍽 쳤습니다.

"어이쿠, 민규랑 싸운 지 얼마나 됐냐? 민규가 했던 그대로 하네."

"아야, 살살해. 아파."

현욱이는 엄살을 부리며 소리를 질렀습니다. 그때 할머니가 나오셨습니다.

"지현아, 현욱이랑 싸우니? 친구를 때리면 못쓴다."

"할머니, 아 아니에요. 장난이에요."

지현이가 혀를 내밀며 웃었습니다. 현욱이도 같이 하하하 웃었습니다.

방학하는 날까지

여섯 명씩 같은 반이 되는데 지현이랑 다른 반이 되었다. 기분이 좋지 않아서 민규의 장난을 받아 주지 않았다.

민규는 올림을 자기 마음대로 썼다. 방학이 43일인데 50일이나 된다고 했다. 이럴 때는 반올림을 써야 맞다. 올림을 자기 마음대로 쓰는 것은 거짓말이다.

정확한 수를 말하지 않고 어림해서 말하는 방법은 세 가지가 있다. 인구수나 생산량을 말할 때는 대개 반올림으로 어림해서 말한다. 거스름돈이나 공과금을 낼 때 적은 돈은 버림을 쓰기도 한다. 그러나 국회의원을 뽑는 투표를 할 때, 어떤 사람에게 찬성한 인원을 말할 때는 어림을 하지 않고 단 한 명까지 정확히 말해야 한다.

5학년 3반, 5학년 1반을 반올림하면 둘 다 5학년 0반이 된다. 나는 반을 버림해서 지현이랑 같은 반이 되고 싶다.

주사위를 굴려서 무게를 모으자

◆ **준비물** 50g 무게 카드 20장, 100g 무게 카드 30장, 1kg 무게 카드 10장, 주사위 1개(두꺼운 도화지를 작게 자른 다음, 매직으로 50g, 100g, 1kg이라고 쓴다.)

❶ 순서를 정해 차례로 주사위를 굴려서 주사위 눈금이 1, 4가 나오면 50g, 2, 3, 5가 나오면 100g, 6이 나오면 1kg 카드를 가져간다.

❷ 100g과 50g 카드가 모여서 1000g 이 되면 1kg 카드로 바꿔 간다.

❸ 가져갈 카드가 한 가지라도 없어지면 놀이가 끝난다.

❹ 각자 모은 무게를 더해서 가장 무거운 사람이 이긴다.

● 가위바위보를 해서 가위로 이기면 50g, 바위로 이기면 100g, 보로 이기면 1kg 카드를 가져가는 놀이로 바꿔서 해도 된다.

기호는 어디에 넣을까?

◆ **준비물** 문제 적은 종이, 연필, 지우개

❶ 각자 다음과 같은 문제 식을 10개씩 종이에 써서 준비한다. 시작하면 숫자들 사이에 괄호나, 더하기, 빼기, 곱하기, 나누기 등 적절한 기호를 써서 혼합 계산식의 결과가 맞도록 만든다. 먼저 식을 모두 완성한 사람이 이긴다.

● 답은 여러 가지로 나올 수 있다.

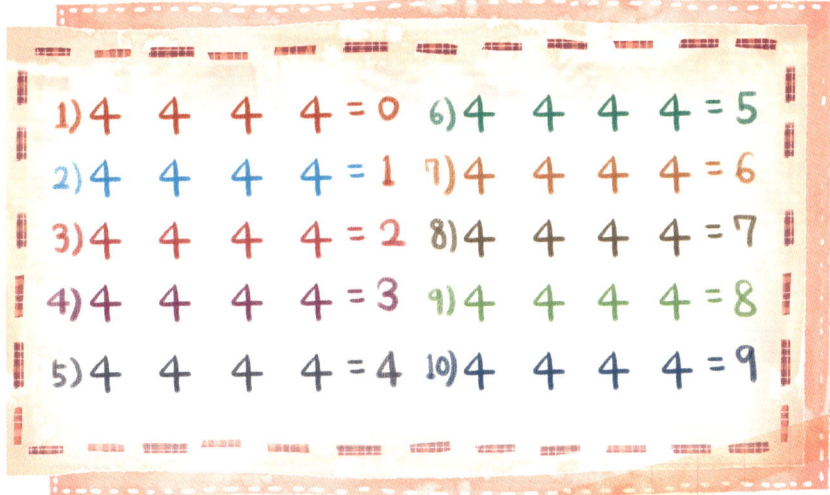

<답의 예>
1) 4-4+4-4=0
2) 4-4+4÷4=1
3) 4÷4+4÷4=2
4) (4+4+4)÷4=3
5) 4×(4-4)+4=4
6) (4×4+4)÷4=5
7) (4+4)÷4+4=6
8) 4+4-4÷4=7
9) 4×4÷4+4=8
10) 4+4+4÷4=9

땅따먹기 놀이

◆ **준비물** 지우개, 칠판펜(장판에 그리고 나면 물로 잘 지워지는 펜)

❶ 거실 장판의 모서리에 각자 자기의 땅을 원으로 표시한다.

❷ 가위바위보를 해서 순서를 정한다.

❸ 첫 번째 사람이 지우개를 자기 집 안쪽에 놓은 다음 손가락으로 팅겨서 원 밖 자기가 원하는 위치로 나가게 한다. 지우개가 도착한 위치에서 다시 손가락으로 지우개를 팅겨서 자기가 원하는 위치로 보낸다. 마지막 세 번째에는 다시 지우개를 팅겨서 자기 집 안쪽에 들어오도록 한다.

❹ 이때 지우개가 자기 집 안으로 들어오면 지우개가 움직인 선을 칠판펜으로 바닥에 그린다. 선으로 그린 만큼 집이 넓어진다. 다시 지우개를 집 안쪽에 놓고 손가락으로 세 번을 팅겨서 집을 넓혀 나간다. 만약 세번째 팅겼을 때 지우개가 집으로 들어오지 못하면 다음 사람으로 순서가 바뀐다.

❺ 순서대로 세 번씩 손가락으로 지우개를 팅겨 집을 넓혀 나간다. 10번쯤 하고 나서 집이 가장 넓은 사람이 이긴다.

● 바깥에서 땅따먹기 놀이를 할 때는 돌멩이를 튕겨서 놀이하고 돌멩이로 흙에 선을 그리면서 집을 넓혀 나간다.

● 손가락으로 지우개를 튕길 때는 엄지와 검지 손가락(또는 중지)을 모아서 동그랗게 만든 다음, 검지 손가락을 펼치면서 지우개를 튕긴다.

손뼉을 치면 분수가 넘어가요

◆ **준비물** 색종이 1장

❶ 색종이를 길게 8조각으로 잘라서 한 장씩만 갖는다.

❷ 긴 색종이를 4등분해서 자른 다음, 4조각 모두 한쪽 면에만 $\frac{1}{4}$이라고 쓴다. $\frac{1}{4}$조각 색종이를 모두 모아서 분수가 밑으로 가게 해서 한곳에 모아 둔다.

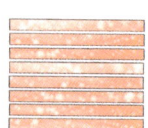

❸ 가위바위보를 해서 순서를 정한다.

❹ 첫 번째 사람이 분수 색종이가 바람에 날려 뒤집어지도록 손바닥을 동그랗게 해서 마주쳐서 바람을 일으킨다. 뒤집어진 분수 색종이를 갖는다.

❺ 두 번째 사람이 손뼉을 쳐서 바람을 일으킨다. 뒤집어진 분수 색종이를 갖는다.

넘어가라. 얍!

❻ 색종이가 모두 없어지면 각자 가진 분수를 계산해서 더 많이 가진 사람이 이긴다.

● 분수 색종이를 $\frac{1}{5}$, $\frac{1}{6}$ 등 다양하게 만들어서 놀이를 더 할 수 있다.

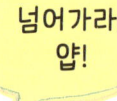

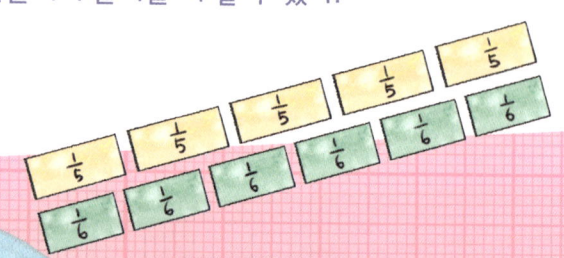